JN199116

【改訂版】

市民がつくる地域福祉のすすめ方

藤井博志——監修
宝塚市社会福祉協議会——編

CLC
Community
Life Support
Center

はじめに

　宝塚市社会福祉協議会は、地域に根ざした福祉活動を進める団体として1954（昭和29）年に創設され、以後60年に渡り住民主体の理念に則り事業活動を行ってきました。決して突出した取り組みはありませんでしたが、全国社会福祉協議会、兵庫県社会福祉協議会の指針に従い、市民とともに地道に事業を推進してきました。平成の時代に入り、ゴールドプランに沿って在宅福祉サービス事業に取り組み組織を拡大し、その後、転機となる阪神・淡路大震災の経験と社会福祉基礎構造改革への対応から、地域福祉の総合推進を志向して事業の転換を図り、現在に至っています。この間、一貫して住民主体の基本姿勢を愚直に守り、宝塚市民の高い自治意識と福祉力に支えられて事業活動を展開してきました。

　本書は、創立60周年を期にこれまでの事業を振り返る機会を得て、広範な事業活動の記録を整理しまとめたものの中から、特に、次世代に向けて語り継いでおくべき内容を抽出して編集したものです。

　作成にあたっては、兵庫県社会福祉協議会在職中に当会の転機となる新地域福祉計画の策定指導をいただき、以降研究者として立場を変えられた後も現在まで、計画策定のみならず社協経営全般にわたり指導をいただき、ともに歩んできたといっても過言でない関西学院大学教授　藤井博志先生に、監修の労をお願いしました。加えて、関西学院大学名誉教授　牧里毎治先生をはじめ、当会にご指導ご協力をいただいている研究者や関係者の皆さまから、貴重なご指導・ご寄稿をいただきました。また、全国校区・小地域福祉活動サミットをはじめ、東日本大震災支援でもご縁の深い全国コミュニティライフサポートセンターを通じて、出版物とすることができました。この場をお借りしまして、皆さまに深くお礼申し上げます。

　宝塚市社会福祉協議会として、本書を次の時代へと向かう大切な道標として有効に活用していくことはもちろんですが、社協関係者にとどまらず全国の地域福祉を推進している皆さまに、「話し合いの場」づくりの材料として役立てていただくことができれば幸いです。

　このたびの改訂にあたっては、2017年12月末の現状に合わせて記述やデータの修正を行うとともに、第3章にエリアチーム制のその後の状況、第5章に生活困窮者自立支援事業のその後の状況を増補しております。

2018年5月
社会福祉法人宝塚市社会福祉協議会
理事長　稲　野　　廣

オーソドックスな取り組みの先にある未来

中央共同募金会　常務理事　渋谷篤男
（前全国社会福祉協議会　常務理事）

　全国社会福祉協議会は、基本要項、経営指針、強化方針など、全国的な指針を出してきているが、その素案をつくる際、担当職員は多くの場合、実際の活動を素材にし、これを踏まえて、徐々に整理するという経過をたどる。私もそのような作業を何度か行ってきたが、宝塚市社会福祉協議会の活動は、常に有力な出発点であった。宝塚市社協は何が優れて、出発点たりえていたのか。私は、社協または地域福祉の理念にオーソドックスに方法論を積み上げ、それを各分野、各事業にまたがる総合性を意識して実行してきたということだと思っている。

　たとえば、「住民主体」は社協が長年掲げてきたテーゼであるが、その実質化にはどこも苦労している。宝塚市社協は、理事会・評議員会での論議の活性化、住民の中からの役員の選出、まちづくり協議会福祉部の活動の活性化を実現している。福祉のラウンドテーブル、地域福祉推進計画の取り組みなど背景に種々の仕かけを行っていることも周知のことであろう。

　まちづくり協議会福祉部は、他の社協と異なる形となっているという評価が多いようであるが、私にとっては、社協の培ってきた地域社会への働きかけの考え方、方法の重要性・正当性の再確認の機会を与えてくれた、ということだと思っている。すなわち、広く住民の福祉に対する意識への働きかけを重視しつつも、活動の中心となるメンバーへの働きかけ（すなわち中核づくり）を行うという手法である。

　総合性という点では、総合相談支援についても早くから意識的に取り組んでおり、私が印象的なのは、生活福祉資金貸付制度にともなう幅広い生活相談の重要性の認識を早くからもっていた点である。

　介護保険サービスにしても、社協らしく、社協の全体の中に位置づけて実

施してきている。介護保険事業経営の経験を通じて、民間団体としての経営ノウハウ獲得と自治体との距離確保を実現したという点も大きいが、それ以上に大きいのは、実際のサービス実施を通じて、ニーズを把握する、あるいはニーズを見定める能力を組織全体で高めるという、これまた原則どおりのことを実施してきたことであるように思われる。

　その点でいうとエリアチーム、校区チーム制は今までの取り組みの当然の帰結ともいえるが、ケアワーク、（コミュニティ）ソーシャルワーク、コミュニティワークを分けないで（実際に担当職員は分かれていても）、統合的に運用する意欲的な試みであり、その成果が待ち遠しい。そうはいっても、原則どおり、思惑どおり進んでいるわけではないだろう。もっとも気になるのは、事業ごと、分野ごとに培ってきた専門職の価値観の違いの調整である。これもオーソドックスな手法でぶち破ってほしいと願っている。

　社協関係者にとっては、宝塚市社協の実践や考え方は学びやすいと思う。オーソドックスなのだから。しかし、原則といわれてきたものが、なぜ原則なのか、どのようにしたら原則を実効化できるかを考え直す機会にしていただけると、よいのではないかと思う。

もくじ

3章 地域支援・地域生活支援とその体制
― 一人ひとりの生活を支えるまちづくり―

4章 住民と専門職でつくる地域共同ケア
―「ふれあい鹿塩の家」から紐解く―

**7章　市民自治を基盤にした
地域福祉実践の展望**

メッセージ

宝塚市社協への期待

宝塚市の地域福祉への誘い
―本書のガイダンス―

本章では、2章以降の宝塚市社会福祉協議会（市社協）の地域福祉実践の全体像を理解するために次の4つのガイダンスを行う。1. 市社協の地域福祉実践を知る意義について、2. 市社協の地域福祉実践の特徴とそれに沿った第2章以降の各章の位置づけについての説明、3. 市社協の地域福祉実践基盤となる宝塚市のコミュニティエリアと市社協の地域アプローチについて、4. 5期にわたる地域福祉推進計画と関連して、これまでの市社協の地域福祉実践の変遷と到達点について、の4点について解説する。

1節●宝塚市社会福祉協議会の実践を知る意義

宝塚市社協の実践を知る意義について総括的にいえば、わが国の90年代以降の社会福祉の特徴をなす「在宅福祉重視」「サービスの多元化と利用契約化」「地方分権化における基礎自治体による地域福祉の政策化」のなかで、都市型の社協による一つの地域福祉実践モデルを示したことにある。

市社協は、社会福祉8法改正（1990年）以降の基礎自治体による在宅福祉サービス供給体制の整備にともなって、在宅福祉関連事業の受託が急激に拡大した社協である。現在も兵庫県内において最大級の事業規模を有しており、その事業内容も多岐にわたる（図表1参照）。

さて、市社協を全国的に有名にしたのは、介護保険制度施行（2000年）の前後にかけて、介護関連事業の行政委託運営から自主事業としての介護保険経営への転換への取り組みであった。市社協は、それまでの措置運営から「コストの効率化と給与水準の維持」「サービスの質の向上」「福祉性の確保」「住民参加」という社会福祉法人としての在宅福祉の介護保険経営のあり方を全国に先駆けて示してきた。それから20年間、市社協がいまだに評価さ

図表1　宝塚市社協の事業概要

1．地域福祉推進関連事業	5．介護保険事業
□第1〜7地区センター設置と地区担当ワーカーによる地域福祉活動支援・地域組織化支援 □宝塚市セーフティネットシステム（4層構造の協働の場づくり）推進 □福祉コミュニティ支援事業（小学校区範域・まちづくり協議会へのプログラム助成事業） □自治会・地域見守りネットワーク支援事業（自治会見守り支え合い活動助成事業） □ふれあい・いきいきサロン支援事業（助成事業、サロン交流会等） □見守り事業（緊急通報、福祉電話、事業者地域見守り等） □ボランティア活動センター（相談・コーディネート・養成・助成等） □福祉啓発活動（イベント開催、表彰、行事用備品貸出し等） □福祉教育・福祉学習 □広報（広報紙発行、ホームページ運営管理等） □法人ネットワーク（社会福祉法人連絡協議会）	□居宅介護支援事業（ケアセンター光明・仁川・安倉） □通所介護事業（光明・仁川・安倉デイサービス） □民家型小規模通所介護事業（鹿塩の家・野上の家・ふれあいあさひ） □訪問看護事業（光明訪問看護ステーション） □訪問介護事業（光明ヘルパーステーション・安倉ヘルパーコーナー） □要介護認定調査 □地域包括支援センター（小林地域包括支援センター） □事業者ネットワーク（介護保険事業者協会事務局、民家型デイサービス連絡会）
	6．相談支援・権利擁護・制度狭間対応
	□安心サポートセンター（日常生活自立支援事業・生活福祉資金・心配ごと相談） □宝塚市高齢者・障がい者権利擁護支援センター □せいかつ応援センター（生活困窮者自立支援相談事業） □宝塚市障害者自立生活支援センター □制度狭間対応（くらしサポーター・緊急サポート事業等） □当事者組織等事務局（介護者家族の会等）
2．高齢者福祉関連事業	**7．募金・会費等**
□老人福祉センター管理運営 □高齢者自立支援ひろば事業（復興住宅支援） □生活支援コーディネーター事業	□募金・会費募集等（赤い羽根・歳末・社協会費・日赤・善意銀行） □各種助成事業（すみれの花基金、共同募金公募配分等）
3．障害者福祉関連事業	**8．組織運営・事業経営**
□地域活動支援センター（トライル他1か所） □身体障害者支援センター（安倉西・安倉南身体障害者支援センター） □日中一時支援事業	□社協経営にかかわる会議体（理事会、評議員会、介護保険経営会議、地域福祉活動推進委員会、経営基盤整備研究会等） □地域福祉推進計画の策定・執行・評価等 □事業・サービスの総合化（エリアチーム制） □団体事務局（民生委員・児童委員連合会、老人クラブ連合会等）
4．児童福祉関連事業	
□地域児童館（高司・安倉児童館） □大型児童センター □不登校・引きこもり支援事業	

2017年4月現在

れるとすれば、介護保険経営モデルとしての社協ではなく、それを含んだ地域福祉実践モデルを提示したところにある。

　また、本書はわが国の90年代以降の地域福祉のあり方を、以上のような変遷をもつ市社協の取り組みを通して探ることも一つの目的としている。もちろん、地域福祉を理解しようとすれば、自治体の地域福祉政策に加え、時どきの生活課題に対応してきた当事者・住民活動の歴史や社協以外の社会福祉法人、NPOなどの多様な主体の活動の総体を分析する必要がある。しかし、その自治体域における地域福祉分析の方法が必ずしも明らかにされていない現状において、本書は地域福祉推進組織としての市社協の実践に焦点をあてることによって、そこから今後の地域福祉のあり方を探ってみたい。それは社協という組織が、住民、専門機関・団体、行政を広範に結ぶテーブルという機能を期待されているからである。

2節●宝塚市社協の地域福祉実践の特徴
―地域福祉実践のエッセンスを備える

（1）宝塚市社協の地域福祉実践の前提

　宝塚市社協の地域福祉実践の特徴を語るうえで、2つの前提を押さえておきたい。

　1つめは地域福祉推進計画に基づいた地域福祉の推進を継続的に図っていることである（計画活動なくして社協活動なし）。この計画は一般的には地域福祉活動計画と呼ばれている。しかし、兵庫県内の社協では、この計画が住民や民間の活動だけではなく、地域福祉全体の推進をめざしていることから、「活動」計画ではなく「推進」計画という名称を使用している。

　地域には絶えず新しい生活課題が生じ、それに対応する自発的、先駆的な実践が生まれる。それらをある一定の時期に総括して次の展望と方針を地域福祉推進計画で示すことで、自発的な実践を単発で終わらせず、持続的に発

展させることを担保しているといえる。市社協は、6期27年間にわたる地域福祉推進計画に基づく活動を通して、自発的で持続的な地域福祉の開発実践を進めてきている。

2つめは、兵庫県、関西全域の実践風土の影響もあって、小地域福祉活動を中心とするコミュニティワーク実践を地域福祉実践の基盤にしていることである(小地域福祉活動、コミュニティワークなくして社協活動なし)。特に、市社協においては、在宅福祉事業が拡大し始めた1995(平成7)年に発災した阪神・淡路大震災の体験を通して、そのことの重要性を再確認している。

（2）地域福祉実践の3つのコンセプト

宝塚市社協の地域福祉実践の特徴を次の3つのコンセプトから説明しておきたい。[※1]なお、このことを社協組織と後に述べる4つの地域福祉推進機能との関係が示したものが図表2である。

1）コンセプトI―協議体、運動体、事業体の3つの性格を統合した組織的活動

地域福祉実践は、当事者・住民が生活者であり、まちづくりの主体者として育つことと、そのような当事者・住民の参加によって、自らの地域生活を支える地域社会、専門機関、行政の総合支援体制を促進させる実践といえる。そして、それらの実践を通して福祉的な住民自治の形成をめざすことにある。したがって、地域福祉を推進する社協という組織自体が、この地域福祉の特質を体現できる機能をもつことがたいせつである。

さて、社協の歴史はおよそ3つに大別することができる。1つめは、住民を中心とした生活課題解決のための協議・協働ができる組織を追求した時代（住民主体の協議体）。2つめは、深刻化する生活課題に対してソーシャルアクションを起こしながら資源開発と制度化をめざしていた時代（運動体）。3つめは、自ら在宅福祉事業を企画、実施する時代（事業体）である。宝塚市社協もこれらの3つの性格を経てきている。しかし、市社協は在宅福祉事

業体として肥大化した90年代に、それまでの協議体、運動体としての組織的性格を今日的に再強化し、統合する組織マネジメントを実践してきたところに最大の特徴がある。

そのため、市社協は、理事会、評議員会、各種委員会などを通して当事者・住民の社協組織への主体的な参画を最も重視している。

2）コンセプトⅡ－地域福祉実践の4つの機能と地域福祉推進組織としての組織マネジメントを社協活動に取り入れる

地域福祉は総合的な実践なので見えにくい。そこで、市社協の地域福祉の機能を次の4つの機能として理解することにする。この4つの機能とは、今日的な福祉コミュニティの機能としてとらえている。それは、「①地域福祉への住民参加・参画機能」「②地域自立生活の相談支援機能」「③地域ケアの開発・推進機能」「④地域ケアシステムを促進する機能」である。①は文字どおり地域福祉への当事者・住民の参加支援の機能である。②は総合相談支援の機能である。③は新たな生活課題に対応する地域ケア・地域福祉サービスの開発・推進の機能である。④は地域ケアシステムという専門職連携の仕組みを、専門職中心ではなく住民と専門職の重層的な協働ネットワークにより生活者中心の仕組みとして形成させていく機能である。

これに加え、1）で説明した社協組織のマネジメントも地域福祉に不可欠な実践としてとらえる必要がある。地域福祉実践は多様な主体の協働活動であるから、それを促進する地域福祉推進組織は自らの組織運営においても多様な主体の参画を受け入れる運営が必要である。しかも、それは地域福祉としての公益的・公共的営為として、自治体における地域福祉政策（アドミニストレーション）につながるものであることが望ましい。その意味で一般の公益事業体とは異なる、また、今後めざすべき地域福祉推進体としての組織マネジメントが求められるのである。

市社協は、この4つの機能と地域福祉推進組織としての組織マネジメントを、地域福祉を進める実践領域として意識した活動・事業、組織経営を統合して推進してきた社協といえる。

さらに、以上のことと関連して、市社協としてのこれらの実践領域にかかわるスタンスについて次の3点を指摘しておこう。

　1点めは、市内においてこの4つの機能にともなう活動・事業を市社協が独占的に行うことをめざしていないことである。また、それは不可能である。むしろ、市社協はそのことを認識しつつ、行政はもとより関係団体・機関との連携・協働によって、自治体内に4つの機能に関する活動・事業を広げる役割を担うことがたいせつである。つまり、この4つの機能を自治体内に広めるための媒介的役割が市社協の役割である。換言すれば、地域福祉の中間支援機能の発揮が市社協の役割ということである。しかし、そのためには、この4つの機能を自治体域に広げられる最低限の要素を市社協組織内に万遍なく有するほうが実践しやすい。その意味で市社協は、地域福祉の総合的実践を進める条件を有している。

　また、市社協にとってこの4つの機能のうち、重要な留意点は「地域ケア

図表2　社協組織と4つの地域福祉推進機能の関係

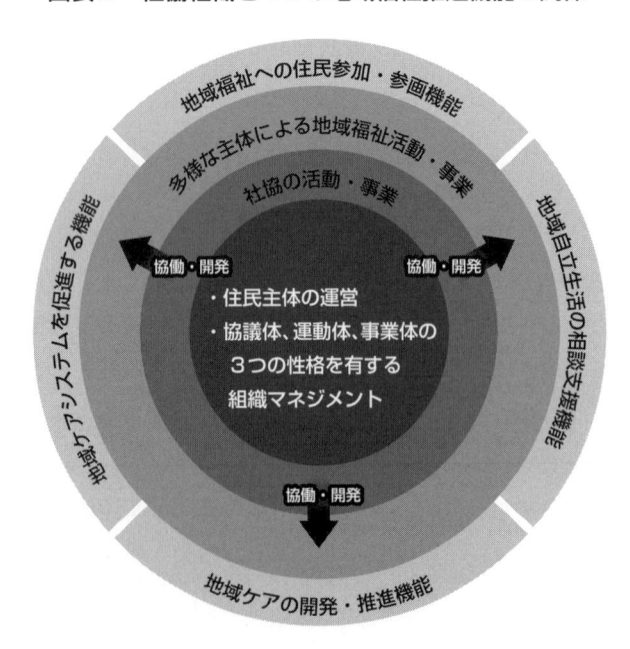

の開発・推進機能」の実践である。市社協は大規模な在宅福祉事業体である。しかし、制度に基づく事業のみでは住民の地域生活は支えられない。絶えず「制度」ではなく「ニーズ」に基づく実践を続けるためには、自治体域に住民が必要な社会資源を充足するための開発をコミュニティワーク機能の発揮を通じて、住民とともに進めることが必要である。

2点めは、この4つの機能の活動・事業が住民主体のもとで進められるためには、各機能の全般にわたって、当事者・住民が運営参画できる仕組みづくりが生活の場である日常生活圏域において担保されることが必要である。

3点めは、必然的に、そのような総合力を発揮するためには日常生活圏域における住民参加だけではなく、ボトムアップ志向に基づく住民主体の社協の組織経営が不可欠である。これは、社協組織マネジメントの中核的要点である。

3）コンセプトⅢ－生活の場での住民参加、専門職参加、行政参加

住民主体とは、権利主体、生活主体、生存主体という基本的人権を有した生活者としての包括的な主体認識である。端的にいえば「生活をつくる主体が住民である」という権利主体認識である。したがって、地域福祉の中核に住民をおき、その住民参加の場に行政や専門職が参加することが求められる。その意味で、地域福祉は自治体域での住民の暮らしを基盤にした官民協働を進める社会福祉実践といえる。また、その主要な政策形政や合意形成の場は、地域福祉計画と地域福祉推進計画の策定および、その進行管理の場である。しかし、その場だけではなく、あらゆる地域福祉の協議・協働の場にこの三者の参加があることが望ましい。地域福祉実践はこのような住民主体の原則のもとで、この三者の相互参加を進める多様な協議・協働の場づくりが必要である。

※1：藤井博志「福祉コミュニティ形成の推進課題―社協活動の総合化をめぐって―」『地域福祉活動研究第14号』兵庫県社会福祉協議会　63-75頁（1997）

3節●本書の構成とガイダンス

　本書では前節でふれた４つの地域福祉実践の機能と地域福祉推進組織のマネジメントに沿って宝塚市社協での実践展開を、２章〜６章で紹介している（図表３）。

　２章では「市民主体の福祉のまちづくり」として、「地域福祉への住民参加・参画機能」の実践を紹介している。ここでは、小地域福祉活動、ボランティア・当事者活動などの諸活動とその展開方法が示されている。また、阪神・淡路大震災からの転機、およびその後20余年にわたる被災者支援を抜きには宝塚市の住民活動は語れない。この章では震災をインパクトとした住民活動の展開の経緯と、いまだに続く復興住宅支援についても紹介している。

　３章では、「地域支援・地域生活支援とその体制」と題して、「地域福祉への住民参加・参画機能」と「地域自立生活の相談支援機能」のそれぞれの２つの機能を統合的に発揮するための社協職員養成と各職種の職員間連携の実践を紹介している。市社協の小地域福祉活動はおよそ小学校区以下の日常生活圏域で実践されてきた。これに加えて、90年代以降はおおむね中学校区単位に在宅福祉サービスが整備されてきた。この２つの圏域を意識して、地域福祉活動を支援する地区担当ワーカー（コミュニティワーカー）の養成とその地区配置のマネジメントは、地域福祉にとって重要でありながら、その運営方法については全国的に確立されてはいない。市社協は、そのマネジメントを意識した運営方法を開拓した社協である。その一例として、地区担当

図表3　社協による４つの地域福祉推進機能と地域福祉推進組織のマネジメント

宝塚市社協の実践	地域福祉実践の4つの機能
2章　市民主体の「福祉のまちづくり」	①地域福祉への住民参加・参画機能
3章　地域支援・地域生活支援とその体制	①地域福祉への住民参加・参画機能 ②地域自立生活の相談支援機能
4章　住民と専門職でつくる地域共同ケア	③地域ケアの開発・推進機能
5章　支援の狭間をつくらない―地域を基盤とした総合相談支援体制づくり―	②地域自立生活の相談支援機能 ④地域ケアシステムを促進する機能
6章　地域福祉推進組織としての社協マネジメント	※住民主体の協議体、運動体、事業体としての組織マネジメント

ワーカーのOJTのために研究者と共同開発したコミュニティワークの記録（図表23は記録様式の一部）と事例検討方法は、現在全国に普及している。[*2]

また、校区チーム制とそのための組織改革は、漏れのない地域生活支援・コミュニティソーシャルワークをエリアチームとして実践するという新たな提起を行った実験的実践である。ケアワーク、ソーシャルワーク、コミュニティワークの各種専門職と住民との協働によるチームアプローチの実践である。

4章では「住民と専門職でつくる地域共同ケア」として「地域ケアの開発・推進機能」の一つのあり方を紹介している。在宅福祉サービスや生活支援サービスという「サービス」という表現ではなく、「地域ケア」という表現にしたのは次の理由による。

サービスという用語は要支援者をサービス対象として客体化するイメージを与え、また住民をサービスの消費者とみなしがちである。それに対して、ケアは心配する、気にかける行為としての「助け・助けられる相互関係」をつくるといった生活の主体者としての共同行為を想起する。その意味で地域福祉らしい。

その具体化として市社協では、ケアの問題を住民が専門職に投げ出さず、専門職と協働して地域の福祉力の向上を図りながら地域生活を支えるケアを「ふれあい鹿塩の家」（以下、鹿塩の家）で開発してきた。鹿塩の家は市社協の介護保険事業を地域ケアに昇華した実践モデルである。そこで開催される住民が主体となった運営委員会は、地域の生活課題と鹿塩の家のケアを相互評価し、地域で支え合う質を高めていく地域福祉実践そのものである。この地域ケアの実践モデルを地域共同ケアと呼んでいる。

5章では「支援の狭間をつくらない―地域を基盤とした総合相談支援体制づくり―」として「地域自立生活の相談支援機能」「地域ケアシステムを促進する機能」の実践を紹介している。制度は常に万能ではない。従来、制度からの漏れは、家族、地域、会社のつながりが受け皿となっていた。しかし、この3つが、終身雇用制に代表される企業福祉の撤退と不安定就労からなる貧困格差の拡大、そして家族の縮小化・単身化、それらと少子高齢化、人口減少による社会構造の急激な変化にあって機能しづらくなった。

これらによって拡大した「制度の狭間」の問題を、家族・地域のつながりを再形成する社会福祉の新たな機能をともなって解決していくことが問われている。その対応の一つが、総合相談支援を組み込んだ地域福祉のセーフティネットの形成である。またそれは、地域ケアシステムの形成を行政・専門職だけの仕組みとするのではなく、住民参加を基盤とした地域福祉の重層的な協働ネットワークを構築することとして提案している。

　6章は「地域福祉推進組織としての社協マネジメント」として4つの機能を発揮する当事者・住民主体の地域福祉推進組織としての市社協の組織マネジメントについて紹介する。社協組織のマネジメントは地域福祉推進のためであるから、それは当事者・住民、専門職・事業者、行政という各種の利害関係者、協働関係者との良好な関係づくりや調整、合意形成が求められる。それは必然的に、地域福祉のアドミニストレーションやマネジメントと呼ばれる領域と直結する実践である。それだけに社協組織のマネジメントは地域福祉の重要な実践であるといえる。

　宝塚市社協は図表1のとおり、多岐にわたる活動、事業を実施しているが、すべてが地域福祉推進計画、組織マネジメントによって、地域福祉的に展開しようとしている。たとえば、市から受託運営している大型児童センターにおいて、他の事業を結びつけて不登校・ひきこもり支援事業を実施していることの一つをとってみても地域福祉らしい。その観点からは、すべての事業を紹介するべきであろう。しかし、図表3で示したように、市社協の地域福祉実践モデルとしての固有性・特徴を紐解くためには、2章から6章で紹介する5つの実践領域に絞って紹介したほうがより鮮明になる。また、この実践領域に関しても、相互補完的であり、その相乗作用から力動的な地域福祉の推進力が生まれていることを読み取っていただきたい。

　なお、2018（平成30）年の地域福祉状況は、すでに社協のみが地域福祉の中核ではなく、これまで以上に多様な実践主体と協働して地域福祉を進めることが求められている。今後の宝塚市社協の地域福祉実践の展開は7章において展望する。

※2：藤井博志『社協ワーカーのためのコミュニティワークスキルアップ講座─事例検討法と記録法─』
　　全国社会福祉協議会　地域福祉推進委員会（2009）

4節●宝塚市の地域福祉のカタチ

　ここでは宝塚市の「地域福祉のカタチ」を、市域のエリア設定の紹介を通じて示すこととする。宝塚市では、周辺市と比較すると少し遅れた感はあるが、阪神・淡路大震災より少し前の1993（平成5）年頃からコミュニティ政策として、市域のエリア設定とその担い手の整備を進めてきた。市社協はこのエリア設定を活用し、地域福祉の推進に結びつけた。これが、宝塚市の地域福祉の活動や事業を進める際の極めて重要な推進基盤となっている。

（1）宝塚市の地勢

　宝塚市は、東西12.8km・南北21.1km・面積101.89k㎡を有しており、阪神間の中央背後部にあって、東は猪名川町、川西市、南は伊丹市、尼崎市、西宮市、西は神戸市、三田市に接し、大阪、神戸から20km圏内に位置している。人口・世帯等の概要は以下のとおりである。

<table>
<tr><td>図表4　宝塚市の位置</td><td>図表5　宝塚市の人口・世帯数等の概要</td></tr>
</table>

○面　　積	……………………………………101.89k㎡
○人　　口	……………………………………234,322人
	（男　109,010人・女　125,312人）
○世帯数	……………………………………103,076世帯
○老人人口（65歳以上）	……………………62,590人
○高齢化率	……………………………………26.7%
○ひとり暮らし高齢者	……………………………17,340人
○高齢者のみ世帯（上記独居除く）	…………13,699世帯
○要介護認定者【2号被保険者含む】	…………12,064人
○生活保護世帯（人）	……………1,927世帯（2,757人）
○身障者手帳所持者	……………………………8,578人
○療育手帳所持者	………………………………1,815人
○精神保健手帳所持者	……………………………1,599人
○民生委員・児童委員数【主任児童委員を含まず】	…253人
○主任児童委員数	………………………………18人
○自治会数	…………………………………285自治会
	（2017年3月31日時点）

（2）コミュニティ政策のカタチ

　ここでは「コミュニティ政策のカタチ」を市域のエリア設定という観点からとらえて、宝塚市のまちづくりや自治の仕組みを紹介する。

1）7地区割の導入

　宝塚市は市制発足以来、市域の4地区割を採用してきたが、その後の人口増加や新たな地区の誕生に伴い、おおむね5つとなった。しかしこの地区割は、市として統一されたものではなく、地域活動のための相互連携には課題があった。1994（平成6）年、そのことで自治会連合会からの改善提案を受け、市がその改善に取り組み始めた。

　このさなか阪神・淡路大震災が起こった。このとき、市民および市には、復興の課題がのしかかるその最中にもかかわらず、むしろ復興のためにも、市民活動の基盤となる新しい地区割りが必要であると、この地区割り改善の動きを止めることはなかった。そして市の調査や協議に基づく「7地区割りの原案」がつくられ、1996（平成8）年度の自治会連合会総会で7地区体制が成立した。

　その後この7地区体制は、自治会のみならず多くの市民団体などにおいて、地域福祉の推進、防災体制の確立、地域児童館の整備などの、行政との協働における幅広い領域・分野において採用されることとなり、名実ともに市民の承認を得ることとなった。一方、7地区体制は1999（平成11）年度から策定準備していた宝塚市の第4次総合計画の地区別計画にも取り入れられ、行政の政策実施上での区割りともなった。このように現在の7地区の体制は、大震災の発災からの復興の動きと並行して、官民をあげて議論し、つくり上げてきた体制である。

2）20のまちづくり協議会

　1993（平成5）年、宝塚市長によるリーダーシップでまちづくり協議会の設置が提案された。1991（平成3）年からの第3次総合計画では、コミュニティ

エリアは中学校区で推進することとしており、行政主導・施設重視で進める
考え方が背景にあった。しかし 1993（平成 5 ）年、行政は新しいコミュニティ
は小学校区であると決断し、コミュニティ課を設置し、コミュニティ政策に
本格的に取り組む体制を強化した。その後、1999（平成 11）年すべてのコミュ
ニティエリアに、まちづくり協議会が発足した。

図表6　7ブロックと20のまちづくり協議会のエリア

西谷地区まちづくり協議会

第7地区

第6地区

中山台
コミュニティ

コミュニティ
ひばり

第3地区

山本山手
コミュニティ

コミュニティ
すみれ

長尾地区まちづくり協議会

コミュニティ
めふ21

宝小
コミュニティ

第5地区

宝塚第一小学校区
まちづくり協議会

小浜小学校区まちづくり協議会

コミュニティ美座

安倉地区
まちづくり
協議会

第2地区

第4地区

ゆずり葉
コミュニティ

コミュニティ末広
コミュニティすえなり

良元コミュニティ

光明地域まちづくり協議会

コミュニティ
西山

第1地区

仁川まちづくり協議会

高司小学校区
まちづくり協議会

3) 宝塚市民の三層ネットワーク

　前述のとおり宝塚市は、コミュニティ政策としてエリア規模別に7つの地区設定と20のまちづくり協議会（小学校区）を定め、従来からの自治会も含めた三層ネットワークを通じた住民自治の基盤整備を行った。

図表7　宝塚市の三層ネットワーク

エリア	小エリア 近隣：200〜300世帯	中エリア 小学校区： 約1万人・1Km四方	大エリア 生活完結圏ブロック： 3〜4万人
地域生活の概要	隣近所の顔が見え、あいさつや近隣掃除など適度のおつき合いがある。また育児、葬祭、宅配、防災、防犯などには役立ち、遠くの親戚より近所の助け合いが大切な範域。	幼稚園、学校など、子どもを中心とした交流、PTA活動の範囲。地域のまつり、運動会などの催しの範囲。生活用品など身近な買い物圏。顔が見える、誰でも歩いて行ける範囲。行政の地域情報との出合いも多くある。	市民生活の基盤サービスが概ねそろうエリア。交番、郵便、市など行政の出先機関があり、行政全般の情報が提供される。交通の拠点駅があり、大型マーケット、レストラン、市中銀行の支店および新聞配達所などがある。
地域活動とその性格・役割	●安全・安心を軸とする個人生活密着の自治会活動で、街灯、防災防犯、葬祭などを行う ●行政の生活情報を配付、回覧する ●道路、マンション建設など開発上の反対運動や利害の調整への取り組み ●老人クラブ、婦人会、子ども会を組織して運営する ●花壇づくり、ゴミステーション管理、地域美化の取り組み、盆踊り、新年会、バス旅行など親睦行事を行う	●まちづくりボランティア活動。隣まちとの連携協調同志同好の協働活動 ●会食・配食など福祉ネットワーク活動 ●健康スポーツ活動・運動会 ●青少年育成、学習文化活動 ●花ランド緑化、環境活動 ●地域のまつり、防災、人権活動 ●地域情報紙の作成発行 ●地区別計画作成活動	●連絡会議（自治会役員、民生児童委員、PTA役員などまちづくり協議会の代表者が7ブロックごとに集まる連絡会議。市と地域が共同で開催） ●市政全般の情報伝達活動 ●地域情報の連絡調整 ●リーダー交流と研修の場 ●行政と対話の場
住民組織	自治会	まちづくり協議会 （小学校区単位のコミュニティ）	ブロック別連絡会議

（「コミュニティの創造と発展」宝塚市企画財務部市長室コミュニティ課　1999年2月）

（3）宝塚市社協の取り組み

1）エリア規模別事業推進の枠組み（重点プロジェクト）

　阪神・淡路大震災によって地域組織化の遅れを実感した宝塚市社協では、1996（平成8）年度に第2次となる地域福祉推進計画（新地域福祉計画）を策定した。そのなかで市のコミュニティ政策の動きに合わせる形で、7つの地区への拠点開設と地区担当ワーカーの配置を位置づけるとともに、これまでの自治会単位を改め、20の小学校区単位のまちづくり協議会で地域福祉活動を支援する方針をとった。以後、順次地区センターの開設と地区担当ワーカーの配置を進め、プログラム助成制度（福祉コミュニティ支援事業）を創設。この制度を通して地域福祉推進のための情報提供、ネットワークづくり、人材育成、活動資金提供などの支援を行い、2001（平成13）年には20のまちづくり協議会すべてで福祉部による地域福祉活動が展開されるようになった。

　その後、地区担当ワーカーによるまちづくり協議会の福祉活動への支援やそのための各種の事業や取り組みを、日常生活圏域における話し合いの場づくり、活動の場づくり、地域ケアの場づくりとして体系的・整合的に整理し、第4次地域福祉推進計画（2006〜2010年）に位置づけた。

　そして、この日常生活圏域での場づくりを進めるなかで、日常的な見守りや生活支援の活動は小学校区では広すぎることが明確になり、続く第5次地域福祉推進計画（2011〜2015年）では、より身近なエリアである自治会範域などの活動から出発する重点プロジェクトを構想した（図表8）。

2）エリア別活動支援の枠組み（エリアチーム制）

　地区担当ワーカーが地区センターに配置されたことにより、市民に身近な存在になり、制度で対応できない生活課題の相談も受けるようになってきた。一方、市社協の相談支援ワーカーやケアワーカーも、介護保険制度や障害者自立支援法に基づく契約による利用者本位のケアを進めるなかで、利用者が住み慣れた地域でのケアや地域で培ってきたきずな、そのための各種の地域資源が重要であることを実感していた。しかし、市社協の事業が縦割りになっ

26

図表8　第5次地域福祉推進計画の重点プロジェクト図

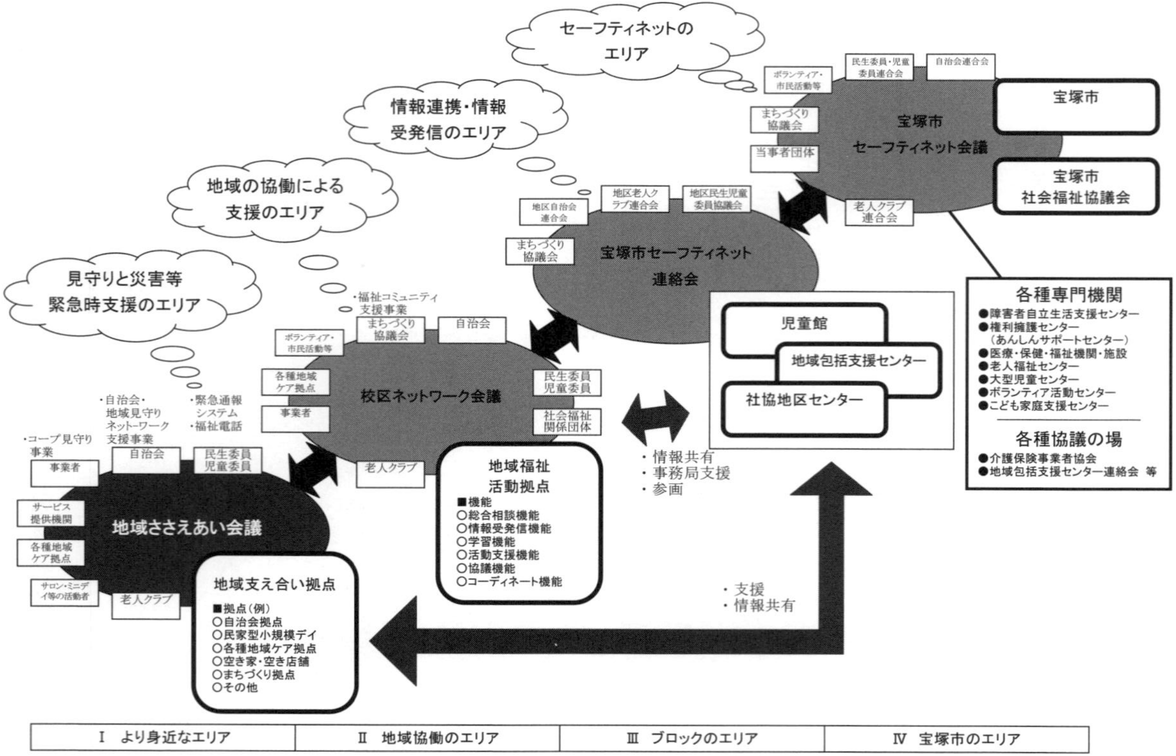

Ⅰ　より身近なエリア	Ⅱ　地域協働のエリア	Ⅲ　ブロックのエリア	Ⅳ　宝塚市のエリア

ていることでこれらの動きがかみ合わず、市民からさまざまな形で縦割りの弊害についての指摘を受けることになった。

　このような流れのなかで、市社協事業の縦割りを解消した「総合化」が強く求められるようになった。これは、さまざまな事業を日常生活圏域で連携・協力して進め、整合的・一体的に事業・サービスを展開することである。具体的対応として第4次計画の中で、担当部署をまたぐプロジェクト方式で、日常生活圏域での事業の総合化を職員主体で進めようとした。しかし結果的には従来の事業体制の縦割りの枠組みを残したこの方法では、業務の縦割りを解消することはできなかった。そのため、抜本的かつ日常業務に則した事業体制の組み換えが必要であるとの結論に至った。そうした過程を経て実現したのが、第5次計画後の基盤整備検討委員会で検討し実施に移した「エリアチーム制（2012年度から実施）」である。

　エリアチーム制とは、事業を推進する組織体制のことで、事業種別に構成していた従来の縦割りの組織体制を、地区別に再構成したものである（3章2節参照）。

<参考文献>
・田中義岳「市民自治のコミュニティをつくろう」ぎょうせい（2003）
・宝塚市企画財務部市長室コミュニティ課「コミュニティの創造と発展」（1999）

5節●地域福祉計画と地域福祉推進計画にみる地域福祉の展開と到達点

ここでは宝塚市行政が策定した2期にわたる地域福祉計画と、宝塚市社協が策定した6期にわたる地域福祉推進計画を概観しながら、宝塚市の地域福祉の展開と到達点を紹介する。

（1）市社協による地域福祉推進計画と社協事業との関連

市社協による地域福祉推進計画は、第6次計画まで策定されているが、図表9のとおり、計画と事業展開との関係は「計画ありき」で事業展開をしていない。先行する事業、地域の取り組み、住民の声など現場の実践を計画に位置づけたり、計画策定後も柔軟に実践を広げてきた。

とはいえ、最初からそのような進め方をしてきたわけではない。1989（平成元）年に市社協が策定した地域福祉計画（第1次計画）のとおり、市社協は在宅福祉サービスの受託によって事業拡大してきた。そのような組織が現在のような実践を行うことになった2つの転機がある。[※3]

1つめは、1995（平成7）年の阪神・淡路大震災である。震災対応の際に市社協は、サービスを利用していた要支援者の安否確認や在宅生活の支援、要支援者の避難所（現在の福祉避難所）運営を行ったが、一方で要支援者と避難者対応に追われ、個々の避難所の状況把握や炊き出し支援などの被災者への生活支援ができず、地域とのつながりの弱さを露呈した。

2つめは、2000（平成12）年の介護保険制度である。介護保険が始まるとサービスが市場化し、住民のより身近な地域で展開される。その際、より住民に近いところで相談・対応ができ、サービスと住民をつなぎ、調整することが必要だった。そのため、当初1999（平成11）年までだった第1次計画を見直し、1997（平成9）に新地域福祉計画（第2次計画）を策定した。第2次計画では地域福祉を総合的に推進する社協を構想し、地区センターと

地区担当ワーカーの配置を定め、小学校区ごとのまちづくり協議会の福祉活動支援が進められ、現在の社協の基礎を示している（2章1節参照）。

第3次計画（2001年）は、介護保険の導入をふまえた第2次計画の延長版だったが、地区担当ワーカー、在宅福祉サービス、地域自立生活支援の相談事業、児童館など市社協の事業内容はさらに拡大し、それに伴う職員の増加により、同じ社協組織であっても連携ができない、いわゆる縦割りが課題となった。エリアごとの総合的な支援を行うため、第4次計画（2006年）では、総合相談窓口など地域福祉プログラムを通じての総合化を図ったが、一方で社協内の総合化には至らなかった。このことから、第5次計画で組織そのものを総合化する、エリアチーム制の実践につながっていった（3章参照）。

また、第4次計画では小学校区を日常生活圏域と定め、その圏域における話し合い・地域活動・住民と専門職が協働する場づくり（地域ケア拠点）に取り組むなかで、住民から「見守りや支え合いは小学校区では広すぎるので、自治会圏域で実施するほうが具体的ではないか」という声が出たことで、新たに自治会域というエリア設定が行われた。そのことが第5次計画による「地域ささえあい会議」や「セーフティネットシステムの構築」へと位置づけられている（2章・5章参照）。

続く6次計画（2017年）では、地域福祉の政策化の流れを受け、地域福祉＝地域共生社会の構築を、生活当事者である市民の立場から進めることを目指して策定された。第5次計画で打ち出した4層構造の課題解決のネットワーク（P 26　図表8）をさらに進め、循環型の協議・協働の仕組みづくりを進めるとともに、社協の内部連携から地域内の幅広いネットワークづくりを目指している。

（2）宝塚市地域福祉計画との整合

宝塚市行政による地域福祉計画は、第1期（2004〜2010年）を経て、2015（平成27）年4月時点で第2期（2012〜2020年）の期間中である。

第1期は、全体計画策定のために、7地区別に各20人の策定委員（「140

図表9　宝塚市社協の地域福祉推進プロセス

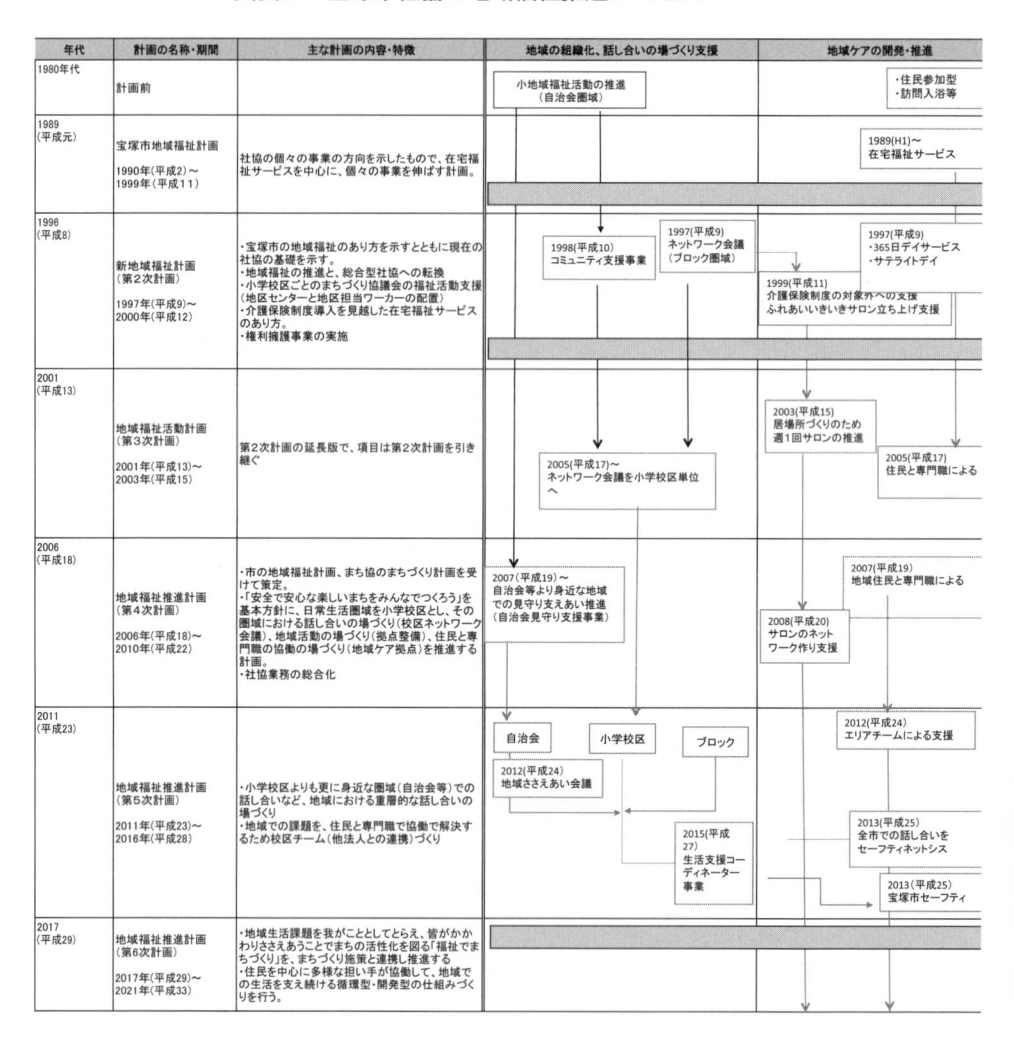

年代	計画の名称・期間	主な計画の内容・特徴	地域の組織化、話し合いの場づくり支援	地域ケアの開発・推進
1980年代	計画前		小地域福祉活動の推進 （自治会圏域）	・住民参加型 ・訪問入浴等
1989 （平成元）	宝塚市地域福祉計画 1990年（平成2）～ 1999年（平成11）	社協の個々の事業の方向を示したもので、在宅福祉サービスを中心に、個々の事業を伸ばす計画。		1989(H1)～ 在宅福祉サービス
1996 （平成8）	新地域福祉計画 （第2次計画） 1997年（平成9）～ 2000年（平成12）	・宝塚市の地域福祉のあり方を示すとともに現在の社協の基礎を示す。 ・地域福祉の推進と、総合型社協への転換 ・小学校区ごとのまちづくり協議会の福祉活動支援（地区センターと地区担当ワーカーの配置） ・介護保険制度導入を見越した在宅福祉サービスのあり方。 ・権利擁護事業の実施	1998(平成10) コミュニティ支援事業　　1997(平成9) ネットワーク会議 （ブロック圏域）	1997(平成9) ・365日デイサービス ・サテライトデイ 1999(平成11) 介護保険制度の対象外への支援 ふれあいいきいきサロン立ち上げ支援
2001 （平成13）	地域福祉活動計画 （第3次計画） 2001年（平成13）～ 2003年（平成15）	第2次計画の延長版で、項目は第2次計画を引き継ぐ	2005(平成17)～ ネットワーク会議を小学校区単位へ	2003(平成15) 居場所づくりのため 週1回サロンの推進 2005(平成17) 住民と専門職による
2006 （平成18）	地域福祉推進計画 （第4次計画） 2006年（平成18）～ 2010年（平成22）	・市の地域福祉計画、まち協のまちづくり計画を受けて策定。 ・「安全で安心な暮しいまちをみんなでつくろう」を基本方針に、日常生活圏域を小学校区とし、その圏域における話し合いの場づくり（校区ネットワーク会議）、地域活動の場づくり（拠点整備）、住民と専門職の協働の場づくり（地域ケア拠点）を推進する計画。 ・社協業務の総合化	2007(平成19)～ 自治会等より身近な地域での見守り支えあい推進 （自治会見守り支援事業）	2007(平成19) 地域住民と専門職による 2008(平成20) サロンのネットワーク作り支援
2011 （平成23）	地域福祉推進計画 （第5次計画） 2011年（平成23）～ 2016年（平成28）	・小学校区よりも更に身近な圏域（自治会等）での話し合いなど、地域における重層的な話し合いの場づくり ・地域での課題を、住民と専門職で協働で解決するため校区チーム（他法人との連携）づくり	自治会　　小学校区　　ブロック 2012(平成24) 地域ささえあい会議 2015(平成27) 生活支援コーディネーター事業	2012(平成24) エリアチームによる支援 2013(平成25) 全市での話し合いをセーフティネットシス 2013(平成25) 宝塚市セーフティ
2017 （平成29）	地域福祉推進計画 （第6次計画） 2017年（平成29）～ 2021年（平成33）	・地域生活課題を我がこととしてとらえ、皆がかかわりささえあうことでまちの活性化を図る「福祉でまちづくり」を、まちづくり施策と連携し推進する ・住民を中心に多様な担い手が協働して、地域での生活を支え続ける循環型・開発型の仕組みづくりを行う。		

地域自立支援	組織マネジメント	宝塚市の総合計画等コミュニティ施策	
有償ホームヘルパーの実施			
（ヘルパー・デイサービス）の受託		1993(平成5) まちづくり協議会の組織化	1992(平成4) 女性ボード創設
1995（平成7年）阪神・淡路大震災			
（後に住民主体のミニデイ）	1998(平成10) 障がい者自立生活支援センター 1999(平成11) ・地域福祉権利擁護事業	1996(平成8)〜 地域福祉活動を支援するための地区センターと地区担当ワーカーの配置	1996(平成8)〜 介護保険対応プロジェクトチーム設置	1997〜8(平成9〜10) 10の市民100人委員会の設置
		1998(平成10)〜 理事・評議委員会選出のガイドライン		1999(平成11) 全小学校区で、まちづくり協議会の組織化
2000（平成12年）介護保険制度のスタート			
地域共同ケア（鹿塩の家）		2002(平成14) ボランティア活動センター運営見直し		2001(平成13) 第4次宝塚市総合計画スタート	2001(平成13) 宝塚市地域福祉計画140人委員会発足
				2002(平成14) 市民参加条例、まちづくり基本条例施行	2002(平成14) 地区ごとのまちづくり計画策定
		2005(平成17) 地区担当ワーカーの養成 （コミュニティワーク事例検討）	2005(平成17) 人事管理制度の刷新		2004(平成16) 宝塚市地域福祉計画（第1期）スタート
総合相談窓口の開設		2007(平成19) 共同募金会の改革	2006(平成18) 財務会計システムの刷新	〜2006(平成18) 策定終了	
	2009(平成21) 安心サポートセンター開設				
	2010(平成22) 権利擁護支援センターの検討				
	2012(平成24) 高齢者・障害者権利擁護支援センター	2012(平成24) エリアチーム制の導入		2011(平成23) 第5次宝塚市総合計画スタート	
				2013(平成25) 「協働の指針」策定	2012(平成24) 宝塚市地域福祉計画（第2期）スタート
含めたテムの構築	2015(平成27) 生活困窮者自立相談支援事業 せいかつ応援センター				
ネット会議					
2017（平成29年）地域福祉の政策化			
		2017(平成29) 経営基盤整備研究会による組織基盤整備		2018(平成30) まちづくり計画見直し	2018(平成30) 宝塚市地域福祉計画見直し

人委員会」）による地区別の計画をつくり、これを総じて全体計画をまとめた。市は、地域福祉計画を住民参加の計画とすべく、市社協も支援して住民とともに地区計画策定に取り組んだが、行政のサービスブロックである7地区割が基本となったため、住民にとっては計画実現のための活動が実態化しないものとなった。また20の小学校区単位の活動を基本とした宝塚市社協の地域福祉推進計画との整合性も、十分に担保されなかった。そこで、まちづくり協議会（小学校区）ごとの「まちづくり計画」に福祉活動が位置づけられるように、福祉のラウンドテーブルが働きかけを行った（6章1節参照）。また、市社協はまちづくり計画の「福祉部分」の策定・実施に向けての支援をしていくこととなった。

　一方、第2期の宝塚市地域福祉計画（2012年〜）は、先行する市社協の第5次地域福祉推進計画（2011〜2016年）を反映して策定され、「重点プロジェクト」など主要な箇所について整合性が確保された計画となった。これらは全体として、地域ケアシステム、権利擁護システムづくりの志向性を高めつつある時期での計画策定であった。

　行政が主導となって進めてきたコミュニティ施策と、そのコミュニティを基盤としたさまざまな実践の中で市社協による地域福祉推進計画を策定した。それが再び市へとフィードバックされて、地域福祉計画に生かされたといえる。

（3）計画の実現性の担保に向けた取り組み

　宝塚市社協の地域福祉推進計画は、第2次計画において地域福祉を総合的に推進する方向を明確に打ち出し、ほぼ現状に近い市社協の姿を表した。また第2次計画期間中には、計画どおり7ブロックへの地区センター整備を完了させている。以降、市社協はこうした中長期計画に対して、忠実に事業を実施することを心がけてきた。

　第4次計画では、新たに数値目標等を設定し、質的な計画内容に付随して、その経過や進捗を数値で確認できるよう表現した。また、計画にはニッセイ

財団の助成事業を組み合わせるなかで、事業の進捗管理の徹底を図った。前者の数値の設定による計画の進捗管理は、中長期における社会・経済情勢の激しい変化、改革を重ねる福祉政策の動向、地域福祉の多様なあり方などのため大きな困難を伴った。しかしこうした計画進捗の数値管理は、市社協が計画に基づいた事業の実現を重視していることの証左といえる。

　また第5次計画策定の後には、従来、担当課ごとの予算編成に応じて年次事業計画を策定してきた慣行を改め、その体系や目次を中長期の第5次計画に準じて編集するようになった。加えて、地域福祉の政策化という大きな流れの中で策定作業を行った第6次計画においては、計画策定後に年次計画につなげるロードマップを作成している。このように、市社協は地域推進計画を理念にとどめず、その実現に注力してきた。

※3：宝塚市社協の計画名称は、第3次までは統一されていない。現在では地域福祉推進計画に統一されている。

2章 市民主体の「福祉のまちづくり」

　宝塚市では、自治会域や小学校区などの小地域での住民福祉活動と、多彩なテーマ型の市民活動が合わさり、「安全で安心な楽しいまちづくり」に向けた活動が活発に展開されている。

　本章では、豊かな市民主体の活動が生み出されてきたその源泉を探るべく、まずは宝塚市の小地域福祉活動の特徴を解説し、2節では小地域福祉活動の実践をいくつか紹介する。3節では、活発なボランティア・市民活動とそれらの活動を支えてきた土壌について、4節では宝塚市の市民主体の活動が大きく展開する契機となった阪神・淡路大震災の影響を取り上げる。

1節● "宝塚流" 小地域福祉活動 − 4つの特徴 −

（1）「地区社協」ではなく「まちづくり協議会福祉部」

　"宝塚流" 小地域福祉活動の特徴の1点めは、小地域福祉活動を推進する方策として、コミュニティ施策の一環で組織されたまちづくり協議会の福祉部門への支援・連携を図る方式をとったことにある。これは、地区社協や校区福祉委員会などの小地域福祉推進組織を社協内部組織の位置づけで設置する従来の方法とは異なるものであった。社協組織に取り込まず、ゆるやかにつながるいわばネットワーク型組織として小地域福祉推進組織を位置づけた兵庫県内での先駆け的な取り組みである。

　この支援形態に至るまではいくつかの変遷があった。1987（昭和62）年以降、宝塚市社協は「小地域福祉活動推進モデル地区」事業をスタートさせ、福井・亀井地区の自治会を基礎とした福祉活動推進委員会の組織化とそれに基づく地域づくりを推進してきた。同事業によって、現在の福井・亀井地区

での活発な地域福祉活動の礎となるさまざまな活動や人材が生まれた。しかし、市のコミュニティ施策が整備されないなか、自治会単位の組織化は、全市的展開には至らなかった。

転機が訪れたのは、1993（平成5）年から市がコミュニティ施策として進めてきたまちづくり協議会設置の動きである。市社協はこれを機会として、市施策とタイアップした小地域福祉活動の推進を考えた。

もう一つの大きな転機は、1995（平成7）年の阪神・淡路大震災であった。住民・市民のボランティア活動は、震災をきっかけにより活発になったが、特に地域での助け合い活動の広がりとともに、その活動母体となるまちづくり協議会設置の動きが加速した。このとき、小地域福祉推進組織の設置について、まちづくり協議会に屋上屋を重ねるような組織は不要であるという地域住民からの意見が相次いだ。これが決定打となり、市社協が独自に組織化を進めるのではなく、まちづくり協議会の福祉部支援を通した地域福祉活動の推進を図る方向が定まった。

小地域福祉を推進する基盤組織をまちづくり協議会というコミュニティ組織においたことは、結果として障害者や高齢者、子育て中の住民など、声が埋もれやすい弱い立場の人々の生活不安を地域としてともに考える仕組みと土壌づくりにつながった。実際、まちづくり協議会活動において福祉活動は大きな比率を占めており、その影響は大きい。市社協の地区担当ワーカーのかかわりは、福祉部支援を通じたまちづくり協議会自体への支援にもつながっている。

行政の動きに呼応してまちづくり施策をエンジンにした小地域福祉活動を構想し、地区センター・地区担当ワーカー配置という支援の基盤を築けたこと、そしてこの構想を動かす最大の契機となった阪神・淡路大震災以降の市民活動の高まりは、現在の宝塚市の福祉のまちづくりに大きく影響している。

（2）地域ボランティアの躍進！
―「ふれあい・いきいきサロン」から―

1）市内140か所以上、4割が週1回開催のサロン

　宝塚市では、住民による自主的な交流活動として、「ふれあい・いきいきサロン」（以下、サロン）がこの17年間で市内144か所に広がり、その約4割が週1回の開催頻度にまで高まっている（図表10参照）。

　このサロンの広がりと開催頻度が物語るのは、住民がサロンを単なるイベントでなく、日常的な見守り・居場所、さらには孤立防止策としてとらえ、積極的に広げてきたという点である。背景には、サロン活動を通した住民自身の気づきと自発的な活動の広がりがあったのはいうまでもないが、住民の声に基づき、常に見直しを図ってきた支援の仕組みにも秘訣がある。

　その支援の仕組みとは、"このゆびとまれ"型で活動を広げてきたことだ。サロンや見守りなどの日常的な活動は、団体代表で構成される地域組織よりもボランティア型組織のほうが得意である。"このゆびとまれ"で集まったボランティアたちが活動できる環境づくりを、まちづくり協議会や自治会などの地域組織が担うことで、校区に一つのサロンでなくいろいろなバリエーションのサロンが立ち上がってきた。

図表10　ふれあい・いきいきサロン活動の推移

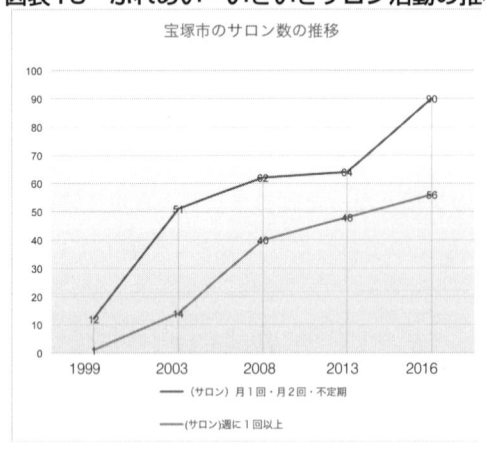

宝塚流 "小地域福祉活動" は、地域課題を共有し、話し合うためのまちづくり協議会などの住民組織とともに、日常的に地域福祉活動を進めるボランティアグループが、双方の得意を伸ばしてきたことにその特徴がある。

2）サロン活動者がサロンを支援

　サロンが取り組まれた経緯には、介護保険制度の要介護認定で非該当となる人たちの地域での居場所が必要だという住民からの多数の意見がきっかけであった。これを受けた市社協は、地域ボランティア講座を開催し、サロン活動の啓発やボランティア活動支援を始めるとともに、2000（平成12）年に行政からの委託を受けてサロン活動にかかる費用の一部助成を開始した。その結果、同年度末には、市内44グループが活動を展開するまでになったが、問題点も出てきた。行政の委託事業という性質上、住民が考える方法で予算執行ができず、サロン運営上に支障が出てきたのだ。このため、共同募金配分金を財源とし、サロン支援事業を市社協の自主事業に位置づけることになった。

　また当時は、月1回開催していれば助成金を出す仕組みであったが、月1回の開催ではサロンが居場所にならないという市社協の問題意識により、週1回以上開催するサロンへの助成へと見直しが図られた。

　助成金によりサロン運営の自由度が高まり、週1回以上開催サロンでの住民同士の交流が進むと、居場所の枠を超えた見守りや支え合い活動に取り組むサロンが出てきたり、住民になくてはならないたいせつな居場所として毎日型のサロンが出てきたり、住民自主運営サロンの力が大いに発揮されだした。

　このような活動展開の一環で生まれたのが、「サロン支援プロジェクトチーム」だ。このプロジェクトは、「介護を必要とする参加者が増えてきたので、対応を一緒に考えてほしい」「活動のプログラムがマンネリ化してきた」「活動財源を確保したい」など、サロン活動者の悩みをみんなで共有し、解決するために始動した。

　チームメンバーは、サロンのリーダーら12人で、2008（平成20）年度からほぼ毎月集まっている。サロン活動者同士の交流会を開いたり、情報誌「さろん便」を発行したり、市長にサロン活動のたいせつさを訴えるために市長室でサロンのデモンストレーションを開催したり、活動者目線の発想でさまざまな新しい活動が生まれている。悩みや課題さえも楽しんでしまう、これも宝塚流といえるかもしれない。

図表11　サロン活動者のための情報誌
　　　　　「さろん便」

毎日型サロン（自宅開放型サロン）「芝楽」

男性たちの居場所　ナイトサロン

（3）もっと小さなエリアで！ 自治会域の見守り・支え合い

1）自治会地域見守りネットワーク支援事業

　宝塚市内の小地域福祉活動の基盤組織が、校区単位のまちづくり協議会福祉部であることは先述のとおりだが、日頃の見守りやゴミ出し、外出・買い物支援などのちょっとした助け合いは、校区エリアよりさらに住民の生活に密着した自治会エリアでの活動がポイントになる。宝塚市の場合は校区とともに、自治会が地域福祉活動を推進する母体となっている。

　これをより強力に進めたのは、自治会連合会と市社協が2006（平成18）年に行った見守り体制づくりについての話し合いであった。話し合いに至る経緯には、見守りは校区より小エリアで展開されなければ進まないという住民からの意見に加え、市社協の会費問題も大きく影響していた。自治会連合会の意見は、「自治会は社協会費を集めるだけの存在ではなく、集めた会費

をもとに地域福祉活動を推進する主体でもある」というものであった。この
ときの話し合いに基づき、災害時要援護者の日常的なサポートと災害時避難
誘導マニュアルづくりを活動の柱とした「自治会・地域見守りネットワーク
支援事業」を、翌年度にスタートさせた。2016（平成28）年度現在、204の
連合組織に加盟している自治会のうち34自治会が同事業による見守り・支
え合い活動に取り組んでいる。

■自治会地域見守りネットワーク支援事業

目　　的：単位自治会が主体となって行う、自治会範域での住民相互の災害時
　　　　　の安否確認・避難誘導支援体制づくりや日常的な見守り活動を立ち
　　　　　上げ、継続実施するために、当該活動費用の助成を行い、公的な
　　　　　サービスでは対応できない生活支援や生活雑事などを通して、身近
　　　　　な地域での住民相互の安心で安全なまちづくりを支援する
事業内容：①災害時の住民相互の安否確認体制ないし避難誘導支援体制づくり
　　　　　　を構築するために必要な活動
　　　　　②日常的な住民相互の見守り活動
　　　　　③上記、対象活動の実現を目的に行う研修や人材育成等の行事・活動
助成内容：1自治会につき、1年度あたり5万円を助成金額の上限額とする
　　　　　（立ち上げ助成は2年間／立ち上げ後、週2回以上の友愛訪問、声か
　　　　　け、ゴミ出しなど日常生活支援活動を継続する場合、1自治会あた
　　　　　り1年度あたり3万円を助成金額の上限額とする）

2）地域ささえあい会議

　宝塚市は、「自治会域等の小エリア〜小学校区エリア〜7ブロック〜全市
エリア」の4層にそれぞれ活動と話し合いの場があり、ニーズを吸い上げる
仕組みを構築しつつある（図表8参照）。

　この4層の中で住民にとって最も身近なエリアでの話し合いの場が、自治
会域などで開催される地域ささえあい会議である。日常の見守りを通して
気づくちょっとした異変や気になることを持ち込める場として、市社協が

2011（平成23）年度からの第5次計画に位置づけ、地区担当ワーカーが会議の運営支援を行っている。

　現在（2016年度）、市内68か所で会議が運営されており、2年間で32か所増加している。会議をきっかけに、アンケート調査を行い、より具体的な生活課題を発見し、住民同士の買い物支援など助け合い活動が始まっている。会議の運営については、住民による自主的な会議や専門職と協議して行っている会議など、多様な運営方法や専門職との連携が始まっている。

> **事例**
>
> ### 「地域ささえあい会議」をきっかけに見守りが進んだ
>
> 　宝塚市内のA地区はエレベーターのない5階建ての集合住宅群のある地域で、一人暮らし高齢者世帯への支援について、自治会の役員間でたびたび話題になっていた。
>
> 　自治会で災害時要援護者と支援者をマップにおとしてみると、要支援者が多くいる一方で支援者が少ないことがわかった。そこで、自治会長は自治会役員だけでなく、民生児童委員、老人会、市社協、地域包括支援センターに呼びかけ、解決の糸口を見つけるために地域ささえあい会議を開始した。最初は、お互いの遠慮の中で進められたが、回数が増えるにつれ、少しずつ気になっている人のことが話され始めた。
>
> 　こうしたなか地域ささえあい会議で地域内を徘徊する一人暮らし高齢者のことが話題にのぼった。このときの会議がきっかけになり、認知症の人が徘徊し始めたら、必ず自治会長を通して各棟の役員に連絡し、行き先の確認をしよう、住宅外へ行きそうになったら引き止めて一緒に散歩しよう、ということになった。また、様子が気になる人がいるときには専門機関に応援を仰ぐことになった。このように、地域ささえあい会議をきっかけに、認知症の高齢者の見守りが具体的に行われ、自治会と福祉事業所との連携が進んでいる。

（4）住民が福祉専門職を活用する !?
── 「校区ネットワーク会議」──

1）専門職が考える福祉ではなく住民が考える福祉

　もう一つの "宝塚流" 小地域福祉活動、それは住民が地域外からの支援、特に福祉専門職を呼び込み、住民と福祉専門職の協働による支え合いが進められていることにある。

　このためのカギを握る仕かけが、「校区ネットワーク会議」（以下、ネットワーク会議）だ。同会議は、まちづくり協議会福祉部などが呼びかけ、地域住民と福祉専門職が同じテーブルにつき地域の生活課題を話し合う場として、2005（平成 17）年度から開催されている。

　「住民が呼びかけて住民が主導する会議にする」というコンセプトが、ネットワーク会議最大のポイントである。ネットワーク会議の原型は、市社協が受託運営していた光明在宅介護支援センターの運営委員会として開催した第1地区ネットワーク会議であった。なぜ、光明在宅介護支援センター運営委員会という名称でスタートしたかというと、住民が主催する会議では専門職や事業者の参加が得にくいという危惧があったからである。福祉専門機関が開く会議といえば、専門職だけで解決できない個別ケースについて地域住民とともに検討する場にしがちであるが、当然ここはそうしなかった。「専門職が住民を活用する」というスタンスではなく、「住民が考える地域の課題解決のために、専門職が活用 "される" ための会議」という市社協の考え方でスタートさせた。専門職主導にすると住民が "お客さん" になってしまい、住民の気づきによる活動の広がりが生まれないという市社協の判断によるものだった。その後、光明在宅介護支援センター運営委員会でのこの取り組みを7ブロックに普及したが、ブロック単位では範囲が広すぎて身近な課題が話し合えないという住民からの強い意見があり、2005（平成 17）年度より校区単位でのネットワーク会議として再スタートした。

　住民が考える地域課題は、ときに福祉専門職がとらえる課題とは異なることもある。しかし、住民が課題だと思うことを話し合うからこそ、主体性や

継続性が発揮される。そして、そのための場づくりこそが、地区担当ワーカーの重要な役割となってきた。住民の主体性が発揮される話し合いの場づくりを支えるという考えは、ネットワーク会議に限らず、市社協の理事会や評議員会、福祉のラウンドテーブル（6章1節参照）、地域ささえあい会議など、あらゆる住民協議の場で貫かれている。

2）地域のニーズを吸い上げる場として

　現在、ネットワーク会議は、市内20か所のまちづくり協議会のうち18か所で実施され、まちづくり協議会福祉部のメンバーのほか、地縁組織、ボランティアグループ、福祉施設や行政機関などの職員が参加している。開催頻度は地域によって異なるが、おおむね年2回〜12回までの開催を通して、情報交換や学習会による課題共有や、活動・事業の企画が話し合われている。

　ネットワーク会議は、地域住民の自主運営会議として、さまざまな関係者と協働して地域課題を話し合う場であるとともに、地域のニーズを吸い上げ、校区エリアだけで解決できないことはブロック単位や市域の会議に持ち上げる「宝塚市セーフティネットシステム」（5章参照）にも位置づけられている。地区担当ワーカーなどが、それらの課題をブロックや市域の会議に持ち込み、重層的な課題解決システムを軌道に乗せていくことが今後の課題である。

2節●4つの実践事例から見る小地域福祉活動

（1）典型的な4つの地区の小地域福祉活動の概要

　宝塚市内では各地域で、地域特性に応じた活発な小地域福祉活動が展開されているが、本節ではこのうち、地域性と活動面でみたときに典型的な4つの小地域福祉活動を紹介する。

　1つめの実践は、高度経済成長期に開発されたニュータウンの典型地域で、まちづくり協議会の草分け的存在である「中山台コミュニティ」である。こ

こでは、福祉部という単一組織だけでなく、地域組織やボランティアグループ、学校、福祉施設などの地域内のあらゆる機関・団体が連携することでかなり幅広い地域福祉活動を展開している。

2つめは、市内では小地域福祉活動の取り組みを長年展開してきた「光明地域まちづくり協議会」である。住民が福祉専門職との協働でさまざまな生活課題の解決に取り組んでおり、地域で孤立しがちな人々の見守りにいち早く取り組んだ。

3つめは、市内でも数多い集合住宅団地の一つ、白瀬川両岸集合住宅協議会の取り組みである。ここは、自治会組織がないなか、マンション間のネットワークによる課題解決という新しい方法を住民が編み出した。

それぞれの事例では、住民による協議力、発見力、解決力が福祉活動プログラムとうまく連動し、相互作用により福祉のまちづくりにまで深化している。

4つめは、農村エリアの「西谷地区まちづくり協議会」である。宝塚市の北部に位置し、市内でもっとも面積が広く地縁の強い地区である。見守り・支え合い活動が浸透しにくい地域であったが、過疎が進み交通問題が表面化してきたことをきっかけに、地域住民による移送サービスの実施に向けた検討が行われ、さまざまな取り組みが芽生えてきた。

（2） 事例1 新たな活動を生み出すまちづくり協議会の草分け ──中山台コミュニティ──

中山台コミュニティは、宝塚市の中央に位置し、高度経済成長期にニュータウン開発された坂の多い地区である。人口は約1万4千人、高齢化率35％（2017年3月現在）で、約50年前から始まった開発時に移り住んできた住民の高齢化が課題となっている。もともと活発な住民活動が展開されており、まちづくり協議会が発足したのは市内でも最も早い時期

中山台コミュニティ　ボランティア交流会

で、まちづくり協議会の草分け的な存在である。まちづくり協議会は1992（平成4）年に住民が独自に組織したコミュニティ協議会と合体し、現在は中山台コミュニティと呼ばれている。

中山台コミュニティにおける小地域福祉活動で特筆される点の一つは、地域内のあらゆる機関・団体とのネットワークによる活動展開である。このネットワークが地域課題に応じた新たな活動を次々に生み出してきた。中山台コミュニティにはテーマ別に7つの運営委員会が設置されているが、福祉部だけで小地域福祉活動を推進するのではなく、子ども会などの地域組織やボランティアグループ、学校、社会福祉施設などの地域内の資源がネットワークを組み連携しながら活動をしている（図表12参照）。

このネットワークがうまく機能しているのは、住民による主体的な話し合いの積み重ねによるところが大きい。長年、ネットワーク会議などで話し合われた地域課題のテーマを分類し、それぞれのテーマに応じて話し合いの場を設け、福祉専門機関だけではなく、学校、行政などの専門機関を召集している。こうしたネットワークは地域内での11か所におよぶ週1回以上のサロン開催につながった。そして、さらに生活支援活動グループが発足して福祉制度で対応できない住民の困りごとをサポートするボランティアグループが組織化されるなど、多彩な活動を生み出すことにつながった。

もう一つ、特徴的なのが福祉活動拠点の確保とそれを活かした活動展開である。中山台コミュニティとして、コミュニティセンターや図書館分室の管

図表12
中山台コミュニティエリア団体関係図

中山台コミュニティ組織図

H29年4月

会長・副会長　　会計・会計監査

運営委員会【執行機関】
コミセン管理委員長
常任評議委員長
会計
総務活動部会
広報活動部会
緑化環境対策活動部会
地域文化活動部会
健康推進活動部会
生涯学習活動部会
災害対策活動部会
スポーツ活動部会
福祉活動部会（下表 参照）
子ども活動部会（下表 参照）

評議委員会【議決機関】
評議委員総会（地域代表41名）
常任課題会
（自治会長、運営委員会委員長・副委員

コミセン管理委員会
中山台コミュニティセンター（指定管理）
図書館分室（委託業務）
コミュニティ会長
常任評議委員長
運営委員長
センター長
会計

福祉活動部会の構成
なごみ
ランチ愛
生活支援の会ゆめんば
ふれあいの会　中山
ふれあいサロン桜
子ども囲碁クラブ
遊興会
中山台地区民生児童委員

子ども活動部会の構成
青少年育成市民会議
放課後子ども教室中レク
スポーツ21中レク
ペンギンくらぶ
地球っ子広場
のびっこクラブ
子どもプラザ
ハート＆ハート

中山台コミュニティセンター管理
コミュニティセンター長
コミュニティセンタースタッフ
図書館分室スタッフ

【オブザーバー】
宝塚市社会福祉協議会
地域台拠支援センター
アクティブライフ中山倶楽部
中山ちどり

理業務を指定管理者制度にて行政から受託し、それらの拠点で、子どもから高齢者までを対象とした福祉活動を展開している。また、地区内にある高齢者福祉施設のスペースを活用し、そこでサロンを開催して地域住民と施設入所者が交流したり、災害時の避難訓練や一人暮らし高齢者の夕食会を開催するなど、施設を運営する社会福祉法人と連携した活動を行っている。

　最近の地域課題として、地域内連携の強化、交通問題と人材養成があげられている。それらに対応していくために、災害時の体制づくりを通じて地域組織間の連携を強化したり、ボランティアグループがNPO法人を発足し外出支援活動を始めたり、ボランティア交流会やボランティアウェルカムキャンペーンなどを企画し、人材確保と養成などを進めている。高齢化していくまちをどのように支えていくかという大きな課題と向き合い、誰もが住み続けられるまちの仕組みや住民同士の支え合いについての検討が始められている。

図表13　地域内のサロンマップ

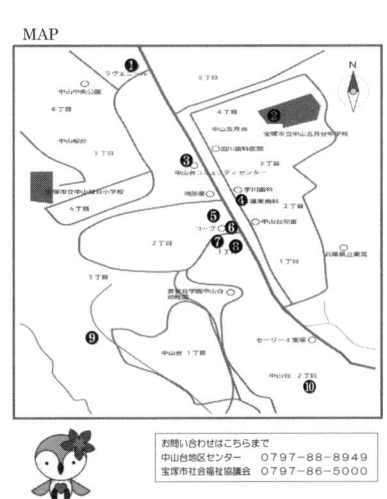

〜中山桜台・
中山五月台小学校区 ① 〜

ふれあいいきいきサロンとは?
　参加者が歩いていける身近な場所で地域住民が運営する仲間づくり・居場所づくりの活動です。自治会館や集会室、地域の活動拠点、参加者の自宅などで開催されており、参加は自由です。内容は、手芸や歌などのプログラム中心のサロンやおしゃべりを楽しむサロンなど実施する団体によって異なります。

ふれあいいきいきサロンの機能
1. 社会参加（生きがいづくり・仲間づくり）
2. 介護予防（認知症等予防）
3. 見守り・支えあいの関係性づくり

ミニデイサービスとは?
　平成12年の介護保険制度の開始に伴い、介護保険認定で自立と判定された方を対象に介護予防の視点から市町単独施策の事業として始めました。
　その後、ボランティアが主体で運営する「高齢者の介護予防の場」として転換され現在に至ります。昼食をはさみながらボランティア、利用者が一緒に体操・歌・ゲーム等を行っています

サロン・ミニデイサービス開催状況一覧

	サロン・ミニデイ名	場所	開催日	時間
①	ふれあいサロンラヴェニール	ラヴェニール集会所	毎週　水曜日	13:00〜16:00
②	ふれあいいきいき サロン　いっぷく	中山五月台中学校 1F会議室	毎週　月曜日 （学校休業中を除く）	13:30〜15:00
③	ふれあいの会　中山	中山台 コミュニティセンター	毎週　金曜日	10:00〜15:00
④	サロン　あいかつ	中山五月台2丁目11-1	毎日	14:00〜17:00
⑤	ふれあいサロンあいあい	中山台自治会	第1・3木曜日	13:00〜16:00
⑥	コミュニティサロンわくわく	ファミリーセンター 文化教室内	第1,3,4水曜日	10:30〜13:30
⑦	コープサークルさつきサロン	コープ中山台2階集会室	第3　月曜日	13:00〜16:00
⑧	ふれあいサロン　桜	中山ちどり 地域交流スペース	毎週　火・金曜日	10:00〜16:00
⑨	中山台 ほっこりハウス	中山台ほっこりハウス （中山台1-23-1）	毎週 火・木・土曜日	13:30〜16:30
⑩	中山台さんさん会	小田中ハウス （中山台2-20-12）	毎週　木曜日	13:30〜17:00

お問い合わせはこちらまで
中山台地区センター　　0797-88-8949
宝塚市社会福祉協議会　0797-86-5000

平成29年1月発行
社会福祉法人　宝塚市社会福祉協議会
生活支援コーディネーター

（3）**事例2** 住民による総合相談窓口から福祉専門職との協働 ── 光明地域まちづくり協議会 ──

光明地域まちづくり協議会（以下、光明まち協）は、宝塚市の南西部の平野部に位置し、戸建て住宅の開発で人口が急増した地区である。人口は約5千人、高齢化率は34.84％（2016年7月現在）で、三世代同居や同じ町内に子ども世帯が住む家も多く、向こう三軒両隣の気風が残る地域である。光明まち協は、市社協の小地域福祉活動モデル地区第1号として地域福祉活動に取り組んできた自治会が構成団体であり、市内のボランティア団体へ多くの人材を輩出してきた。

相談窓口の様子

光明まち協の活動の特色は、小地域福祉活動を積み上げるなかで、住民だけで解決できない生活課題について早くから福祉専門職との協働を模索し、地域福祉活動を展開してきた点である。これは、エリア内に市社協の在宅福祉サービス拠点があり、地域行事や子育て支援活動などで市社協がかかわってきたことも影響している。専門職と協働した活動の一つが、「福祉総合相談窓口」である。これは、まちづくり計画に基づき、まちづくり協議会福祉部が中心になって月に2回実施している。窓口に寄せられた地域住民からの困りごとは、ネットワーク会議に報告され、必要に応じて専門職も支援に入る仕組みになっている。

福祉総合相談窓口の取り組みから生まれたのが、地域ささえあい会議である。きっかけは、福祉総合相談窓口に寄せられた相談内容をネットワーク会議で共有した際に出た住民からの意見であった。ネットワーク会議では、「地域にはこの相談に限らず、一人暮らしの高齢者・障害者・認知症の住民が増えている」「いざというときに、誰がどこに住んでいるのかわからないので救援ができない」などの意見が住民から出された。そこで、校区より身近な自

治会や管理組合の協力を得て、見守りマップを作成しようという意見でまとまった。全世帯アンケート調査も実施し、その結果、高齢者世帯への見守りや支え合いが必要だという意見が多く出されたことから、光明まち協の地域では、自治会ごとに順次、見守り・支え合いマップづくりに取り組み、要支援者の把握が行われた。マップづくりが進まない自治会には、話し合いの場に地区担当ワーカーと地域包括支援センターが参加してサポートを行った。マップづくりプロセスでの話し合いが、地域ささえあい会議へとつながった。

　光明まち協では、福祉総合相談窓口、ネットワーク会議、地域ささえあい会議を通して、住民と専門職の連携体制が整備されてきた。これによって、地域課題の発見から対応、評価、再度の対応といった PDCA サイクルが住民活動の中で機能している。

図表14　光明地域まちづくり協議会組織図

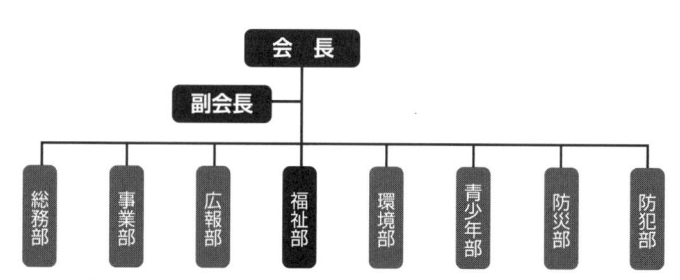

※福祉部員は民生委員とまちづくり協議会の委員から希望制で選任

図表15　光明地域まちづくり協議会・福祉部の主な活動

・福祉相談窓口（月2回）ネットワーク会議（年3回）
・高齢者食事会（年6回）、見守りマップづくり
・福祉講演会、健康づくり、施設見学会（随時）
・ミニデイサービス、ふれあいサロン（毎週実施）
・子育て支援活動（月2回）

（4）事例3 マンション間のネットワークによる課題解決 ——白瀬川両岸集合住宅協議会——

白瀬川両岸集合住宅協議会（以下、住宅協議会）は、宝塚市西部に位置する逆瀬台小学校区内にある。中山台と同じ時期に開発された地区で、人口約8千6百人、高齢化率は44.5％（2017年3月現在）と、市内で最も高齢化の進んだ地域である。

白瀬川助け合いの輪　高齢者宅からタンスの搬出

住宅協議会は、まちづくり協議会と異なり、分譲主や管理形態などが異なる8つのマンションの管理組合で構成されるネットワーク組織である。もともとは、環境問題をきっかけに共通の課題を話し合う場として結成されたものであるが、これはマンション群に自治会が組織されておらず、一部の管理組合を除いて地域の課題を共有する場がなかったことに由来する。

この地域の特色は、自治会などの住民活動を進める基盤となる組織がないなか、マンション間のネットワーク組織が母体となってさまざまな小地域福祉活動が取り組まれてきた点である。そのきっかけとなったのが、自宅で倒れた一人暮らし高齢者が3日後に発見されるという出来事であった。マンションでは急激に高齢化が進んでおり、一人暮らし高齢者の孤立は地域全体の問題だという認識が広がり、住宅協議会として話し合いを進めることにした。話し合いの中で、「緊急対応ノート」の作成・配付についての提案があり、ノート作成の過程において市社協への支援要請が入った。それを機に住宅協議会での話し合いに地区担当ワーカーが出席し、資料提供や会議運営の支援が開始された。その後、1年間かけて緊急対応ノートを作成し、完成したノートは各々のマンション管理組合を通じて各戸に配付された。

しかし活動はこれだけにとどまらなかった。緊急対応ノートの作成過程で実施した全世帯対象のアンケート調査の結果、8割以上の住民が現在の住宅

に住み続けたいと希望し、そのためにゴミ出しや買い物、外出の付き添いなどの生活支援が必要であることが見えてきた。また、この調査では多くの住民が助け合い活動に協力する意思があることもわ

図表16　白瀬川両岸集合住宅の８つの管理組合

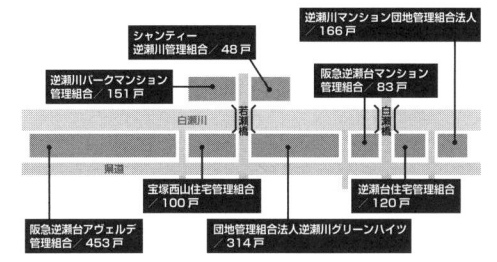

かった。このため、住宅協議会では、継続的に見守り・助け合い活動についての学習会を行うことを決め、有志による助け合いのグループも新たに結成された。各マンションで見守り・助け合い活動の輪が広がり、現在では半数にあたる４つのマンションで活動グループが結成されている。また、各マンションの助け合い活動グループが連絡調整し、活動が立ち上がっていないマンションへの対応やマンションごとの助け合い組織を設立した。さらに、これらの活動と並行し、各マンションでは自治会の組織化が進み、サロンなどの住民間の仲間づくりも取り組まれている。

　共通課題をもつマンション群が互いに連携・協働し、見守り・助け合い活動や交流活動を始めたことが、小学校区内の地域福祉活動へ影響することとなった。

図表17　白瀬川両岸集合住宅協議会加入の各マンションの状況

マンション名	戸数	管理	自治会の組織化	サロン	助け合いの輪
逆瀬川マンション	166戸	管理会社	○	週1回	有り（安全対策委員会という名称で災害を切り口にした取り組み）
逆瀬台住宅	120戸	管理会社	―	月1回	無し（ただし階段を生かした回覧による安否確認あり）
阪急逆瀬台マンション	83戸	管理会社（24時間）	○	月1回（ほかに活動あり）	有り（サポートクラブという名称で、マンション内での月1回会合。特技登録。各階段の代表者を中心にした見守り）
逆瀬川グリーンハイツ	314戸	管理会社	○	月2回（ほかに活動あり）	有り（自治会の支え合い部会を中心に、アンケート調査や戸別見守り活動を実施）
西山住宅	100戸	自主管理	○	月1回	無し
阪急逆瀬台アヴェルデ	453戸	管理会社（24時間）	○	月1回	有り（見守り希望者と、活動者の登録。両者の交流会や戸別訪問活動を実施）
逆瀬川パークマンション	151戸	管理会社	準備中	月1回	無し
シャンティー逆瀬川	48戸	管理会社	―	月1回	無し

2017年4月

（5）事例4 中山間エリアによる助け合い活動 ──西谷地区まちづくり協議会──

西谷地区は、宝塚市の北部に位置する農村地域で、市の面積の60％以上を占めながら人口は約3千人と市内の1％強にとどまり、人口減少・少子高齢化が課題となっている。

交通の便が悪く、住民の主な移動手段は車となっている。こうした課題がある一方で、自治会の加入率は90％

外出支援の様子

以上であり、婦人会、老人クラブ、農業委員会などの地縁組織が活発な地域である。

西谷地区における小地域活動の特色は、地縁組織が活発であるという強みを活かしつつ、移送問題という住民の生活課題を正面に取り上げ、それをきっかけとした見守り・助け合い活動へと広げてきた点である。西谷地区では家庭での困りごとは家族で対応すべきといった意識もまだ根強く、これまで地域での組織的な見守り・助け合い活動はなかなか浸透してこなかった。しかし高齢化率が35％目前となり、以前から地区計画に挙げられていた高齢者の通院や買い物などの外出手段の確保が現実的な問題となってきたことから、地区担当ワーカーがかかわり、西谷地区まちづくり協議会（以下、西谷まち協）と自治会が一緒になって移送サービスの検討を始めることになった。

自治会、まち協、民生児童委員、老人クラブ、婦人会の協力を得て、移送サービス運営準備委員会（以下、準備委員会）が組織化された。準備委員会では、移送サービスに取り組む先進地の視察や勉強会を経て、実施に向けた検討を重ねた。

その後、全世帯対象のニーズ調査の結果、4割の世帯に外出困難者がおり、そのうち7割の人たちは移送サービスの利用意思があること、外出困難者がいない世帯でも将来的には、9割の人が利用を希望していることがわかった。

そこで県の助成事業を活用して車輌を確保し、外出支援を必要とする人と支援できる人を確認して、各自治会へ説明を行い、ようやく実施のめどが立った。ところが運行を始めようとした段階で、当初より相談しながら進めていた陸運局の指導方針が一転し、準備をしていた方法での移送サービスの実施は困難と判断された。しかし、明らかとなったニーズに目をつぶることはできず、準備委員会が一丸となって対応策を検討し、助け合い活動の一環で無償による外出支援を行い、ニーズに対応することにした。運営は、西谷まち協福祉部会が中心となり、試行的に事業を開始。現在は、西谷まち協福祉部会が週に３回実施している「なんでも話せるにしたに★ひろば」（総合相談窓口）の活動として位置づけられている。そして、準備委員会は地域の生活課題へ対応していくために、西谷ささえあい会議として定例の会議を継続している。この会議では、各集落での見守り活動やサロンの実施について検討し、これまでなかなか進まなかった地域福祉活動を推進する役割を担っている。

図表18　西谷地区まちづくり協議会組織図

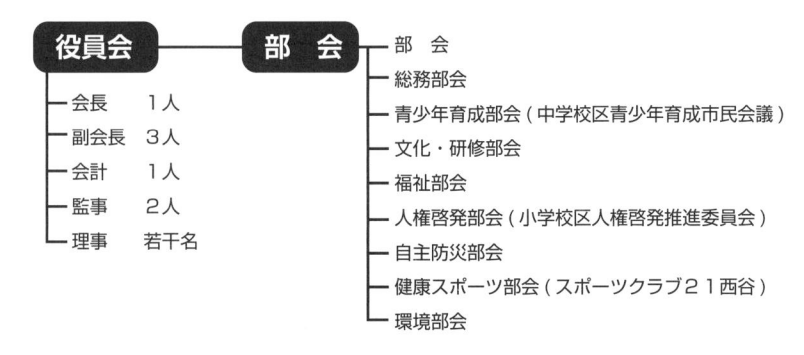

3節●ボランティア・市民活動を支える仕組み

　市内のボランティア活動は、高度経済成長期以来、子育てを終えた専業主婦などを中心として展開されてきたが、阪神・淡路大震災以後は福祉分野のみならず、環境、文化、防災など活動の分野が拡大され、少人数のグループからNPO法人格をもつものまで形態も多様になった。一方で、高齢社会や無縁社会といわれる社会課題に対応するために、地域での助け合いを深めるという動きも顕著になっていった。

　この多様な市民活動団体の活動推進にあたっては、活動・情報発信・交流の拠点施設である「ぷらざこむ１」の存在が大きな役割を果たしてきた。現在、ここで展開されているボランティア活動者の横の連携づくりと、自主的自立的なネットワーク組織の運営のありようは、住民自治による活動のモデルであるといえる。本節ではその姿を紹介する。

（1）阪神・淡路大震災以前

　宝塚市社協にボランティア活動センターが設置されたのは1976（昭和51）年12月である。1981（昭和56）年の国際障害者年や国連障害者の10年などの追い風を得て、1984（昭和59）年9月に「宝塚ボランティア連絡会」が結成され、ボランティアコーディネートやネットワーキングなどの取り組みが展開される。また、「ボラントピア事業（福祉ボランティアによるまちづくり事業）」受託後の1988（昭和63）年には、市社協にボランティアコーディネーターが配置された。

　このようなボランティア活動の発展とともに1994（平成6）年4月には、中間支援・相談拠点の拡大のためにボランティア活動センターの分室を宝塚駅前にオープンし、同時にボランティアの活動の領域を福祉活動から、自然・環境・教育・文化・スポーツ活動などといった多方面へと拡大した。同年9月、多方面の活動者が集結する「第1回ボランティアフェスティバル」が実

行委員会方式にて盛大に開催された。

（2）阪神・淡路大震災以降のボランティア活動の広がり

1）宝塚NPOセンター設立と介護保険制度施行（1995年〜　）

　ボランティア元年といわれた 1995（平成 7）年の阪神・淡路大震災以降は、各地で復興支援の取り組みを中心としたさまざまなボランタリーな活動が展開された。こうしたなかNPO法人格取得への動きも注目されはじめ、1998（平成 10）年 4 月には先のボランティアフェスティバル実行委員らが中心となって、市民の手による中間支援組織「宝塚 NPO センター」（以下、NPO センター）が設立された。これにより、NPO 法人と法人格取得をめざして活動している団体への支援は NPO センターが中核的に担い、ボランティア活動グループや個人活動者への支援は福祉分野から広がりをもたせてボランティア活動センターが担うという役割分担をすることに、両者間で調整をした。

　その後 2000（平成 12）年から始まった介護保険制度は、従来からの福祉ボランティア活動者の間に、社会保障としての制度に対してボランティア活動をどのように位置づけたらよいのかという混乱を、招くことになった。さらには、ボランティア活動の有償・無償論、セルフヘルプ活動をめぐる活動対象の定め方、ボランティア活動における目的設定のあり方など、ボランティア・市民活動を取り巻く概念の広がりと多様な価値観が示されるなかで、ボランティア活動センターが従来から続けてきた事務局主導の支援が通用しないという現状を、突きつけられることとなった。

2）ボランティア活動センターの支援見直しに向けて（2002年〜　）

　2002（平成 14）年 7 月、このような混乱を受けてボランティア活動センター運営委員会はワーキングチームを発足させ、「ボランティア活動センターが果たすべき支援とは」をテーマに検討を始めた。その趣旨は、ボランティア活動に対する概念に広がりがあることをふまえたうえで、ボランティア活動センターが行う活動支援のあり方を改めて考え直すというものであった。

その背景には、多様なボランティア観が存在する現実と、社会のシステムがボランティアを必要とするように変化してきたことがある。ボランティア活動への解釈やとらえ方の相違（たとえば、有償か無償かなど）に対して、ボランティア活動センターとして明確な回答が示せていなかった。つまり、社会の変化にボランティア活動センターの支援が追いついていないのではないか、という問題意識から始まったものである。

　当初に実施した登録グループへのアンケート調査「ボランティア活動センターに求める支援内容」（2002年9月実施、回答率43％）の回答において、ボランティア活動センターに求める支援のトップ5は、「助成金の配分、助成金情報の提供、ボランティア共済保険の取り次ぎ、会場の提供、メンバー募集への協力」の支援であった。逆に「個人ニーズの仲介や調整」は最も必要性が低いという結果が表れた。

　このようにスタートを切ったボランティア活動センターの支援の見直し検討は、新たな取り組み策を示すのに足かけ3年を要した。この過程では、ワーキングチームだけで議論を進めるのではなく、アンケートやフォーラム、ワークショップなどを実施して、活動者とのていねいなやり取りが行われた。フォーラムからは、ボランティア活動センターの重要なテーマとして「ボランティア活動実践者に利用者主体・本人主義の視点をもつことを働きかけ続けること」が浮き彫りになった。また、話し合いから、活動者にとって最も関心が高い助成金については、助成や配分の仕組みについても自分たちで決めていくという方向性が生まれた。

　長期にわたる検討、活動者とのやり取りの結果、ボランティア活動センターの業務指針となる「ボランティア支援メニュー」「グループ登録のきまり」「ボランティア活動助成に関するきまり（参考資料参照）」の3つが完成し、2005（平成17）年度から実施することになった。特に助成金については、「助成金の使い道は、行政やボランティア活動センターでなく市民で決めていく」という趣旨のもとに助成金配分委員会を設置し、配分の決定と仕組みの見直しを行うこととなった。加えて、ボランティア側の強い主張によって、登録するすべてのボランティアグループが助成金配分に責任をもつよう、ボラン

ティア代表の配分委員は抽選で選任されるというルールも付記された。

（3）ボランティアの活動拠点「ぷらざこむ1」設立と 新たなネットワークづくりに向けて

阪神・淡路大震災以降の復興支援の中で生まれた、宝塚市のボランティア活動支援において欠くことのできない出来事といえば、その活動拠点となる「ぷらざこむ1」の誕生である。これは、阪神・淡路大震災を契機にボランティア活動者となった市民篤志家が、公益財団法人を設立し、2002（平成14）年にはボランティア活動者のための活動拠点を建設し、その運営を市民の手に委ねたことによる。

これは、震災直後の復興活動の際に、ボランティア活動センター内に確保できた活動拠点が有効だったという経験をもとに、常時使える拠点が多くのボランティアグループのためにも必要だと一念発起し、財団法人を設立して開発・建設を進めたものである。これを受けたボランティアグループ側も、ワークショップを重ねて、新しく建つ拠点施設への思いや夢を共有しながら、活動拠点の構想を形にしていった。

こうして、ボランティア自身が利用者でありながら運営者でもあるというスタンスを大事にした「ぷらざこむ1利用者運営委員会」を立ち上げ、拠点名称や施設利用のルールなどを、協議を重ねて決めてきた。以後、現在に至るまで、拠点の運営管理は委員会を中心としたボランティア活動者自身の手で自主的に行われている。そして、「ぷらざこむ1利用者運営委員会」は、「こむ1会」と名称を改め、ぷらざこむ1で活動するすべてのグループを包含し、現在も自立的な運営を活発に展開している。

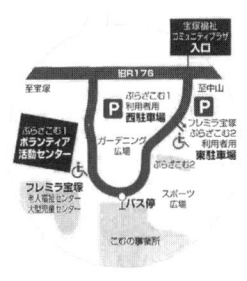

ぷらざこむ1マップ

ぷらざこむ1外観

第4節●震災がつなぎ、育んだ市民活動

（1）復興住宅支援の経過

　阪神・淡路大震災は、宝塚市内に大きな被害をもたらした。被災して自宅での生活が困難になった人は、避難所～仮設住宅～災害公営住宅（以下、復興住宅）と居住地を移り変わることになり、そのなかで住民は生活環境の変化だけではなく、近隣とのつながりの喪失を2度も体験することになった。1度めは、住み慣れた自宅から抽選で決められた住み慣れない地域につくられた仮設住宅への転居だった。2度めは、仮設住宅で2年ほど過ごして近隣との関係を築くことができた頃に、再度抽選で決められた復興住宅へ移ったことである。

　被災したことによる生活や健康上の不安だけでなく、なじみのない地域への転居や初対面の人たちとの地域生活に対する不安や孤独を解消していくために、一人ひとりの住民への支援が行われた。その支援は、行政や社協による支援だけでなく、市民によるボラティア活動として行われたものも多く、現在市内で活動しているボランティアグループには、震災がきっかけとなって立ち上がったものもある。

1）市民による復興支援

　震災直後から2か月間、市内外でのべ約3万6,000人のボランティアが活動した。その活動は多岐に渡っており、物資の仕分けや片づけ、引っ越しなどの手伝い、カーボランティア、行政や災害ボランティアセンターの事務手伝いなどが行われていた。このボランティア活動は、災害ボランティアセンターを解散したあとも、市内のボランティアが避難所や仮設住宅、復興住宅において活動を続け、現在では地域でのさまざまな生活支援を行う日曜大工ボランティアグループ、サロン活動、緊急事態に対応する災害ボランティアグループにつながっている。なかには、2011（平成23）年の東日本大震災

において東北の仮設住宅などで支援活動をしたグループもある。

　さらに、震災を体験することは自分たちの地域を自分たちで守ることに気づく契機となり、自治会やコミュニティ組織などを中心として、自分たちの住む地域で支え合う活動が注目されるようになった。

2）宝塚市社協による復興支援

　震災直後より、宝塚市社協の本部がある総合福祉センターは避難者でいっぱいになり、職員は避難者の支援、当時市社協の在宅福祉サービスを利用していた人をはじめとした在宅要支援者の安否確認、市内外から来るボランティアの調整などを行った。この震災時の支援活動は、市社協が地域福祉活動への支援の重要性を見出すきっかけにもなった。

　兵庫県より市社協が委託を受けて現在も行っている復興住宅支援に関する事業は、阪神・淡路大震災から20年以上が経過し、それぞれの生活再建の過程やコミュニティ再生において、支援の仕方や事業の内容を状況に合わせて変化させながら継続している。

　1997（平成9）年の復興住宅支援は、生活復興相談員を配置することから始まった。復興住宅および当時の県営住宅の空き住戸に入居した被災者に対して、訪問活動による安否確認、自立に向けた相談の受け付けを中心として支援をし、入居間もない復興住宅では自治会やサロンの立ち上げの支援などを行った。その後、2001（平成13）年には、生活復興相談員が高齢世帯生活援助員へと名称変更され、65歳以上の高齢者（独居・夫婦世帯）および障害者宅への訪問活動による見守りや自立に向けた支援と合わせて、軽度の生活支援を行うように内容が変わっていった。2006（平成18）年から、高齢者自立支援ひろばを設置し、相談員がひろばに常駐しながら65歳以上の高齢者および障害者宅への訪問活動と、復興住宅とその周辺地域の居場所づくりやつながりづくりの支援を行っている。

（2）復興住宅の現状と住民活動

　宝塚市には、市営住宅が8か所、県営住宅が4か所の復興住宅がある。現在は、これら12か所の復興住宅と当時の県営住宅空き住戸に入居した人を合わせた約260戸を高齢者自立支援ひろばのスタッフが訪問し、必要に応じて見守り支援やコミュニティづくりを行っている。復興住宅は、30〜180戸と規模や形態、立地は異なっていたが、復興住宅の住民自治活動においては共通した課題をもっていた。復興住宅への入居当初から、住民同士の人間関係や集会所がないなどの理由により住民自治活動が起こらなかった住宅や、設立から数年経って自治会を解散した住宅もあった。さらに、共有部分や駐車場管理などの理由から復興住宅単独で自治会を形成せざるを得なかったことや復興住宅にだけ特別な支援が続いていることが、周辺地域とつながりにくい状況をつくる要因になった。

　しかし一方では、入居から20年が経ち、復興住宅の住民も高齢化し、多くの住民自治活動が停滞していくなかで、地域とつながる必要性を感じ、地域コミュニティや民生児童委員と協力してサロン活動などを行ってきた復興住宅もある。現在も復興住宅の住民を中心として自治活動（交流活動）を行っている住宅があるが、その活動の仕方は次の2つに分類してみることができる。

1）復興住宅の集会所を地域の交流の場にする

　復興住宅の住民の交流を目的に立ち上げたサロンを、復興住宅の周辺の住民にも声をかけ、住民同士が自然と交流できる場として運営した。顔見知りになることによって、慣れない土地へ引っ越してきた復興住宅の住民が地域になじめるようになり、お互いのちょっとした変化に気づき、見守りや生活支援につながっていった。

ふれあいサロン喫茶みなみの様子
（市営安倉南住宅）

２）地域で活動するグループと一緒に復興住宅で交流活動を行う

　当初、復興住宅の住民だけで交流をしていたが、高齢化などの理由で継続が難しくなるケースも多くなってきた。そのため、地域で活動するグループに声をかけ、復興住宅の集会所で一緒に活動を行うことで、地域に復興住宅があることを知ってもらうと同時に、住民同士の交流につながっていった。

　どちらの活動も復興住宅のおかれている状況に合わせて行ったことにより、住民自治活動を円滑に行うきっかけとなったり、復興住宅が周辺地域との交流を深めたり、日常的なつながりが生まれることになった。

１日ゆったりの会の様子（県営福井鉄筋住宅）

　震災時、自宅は屋根が残った状態で全壊しました。仮設住宅に入居しましたが、家族5人で住むには手狭でしたので、そのときは「先が見えない不安」が自分たちにも周りの人たちにもありました。

　1997（平成9）年に復興住宅に入居したのですが、最初は自分たちの生活の再建に精いっぱいの状況でした。自治会を発足することになったのですが、みんなで一つになるという意識をもったのは、1999（平成11）年にサロンが始まってからだと感じています。

　サロンができたことによって、住民同士で挨拶をすることも増えて、小さなことでも助け合うようになったと感じます。サロンに来られて、お茶を飲んでホッとするときに出る何気ない話が困りごとだったりします。そこから出た困りごとは市社協の相談員さん（高齢者自立支援ひろばスタッフや地区担当ワーカー）などにつなげています。

　現在までサロンの運営を支える立場として活動をしてきましたが、サロンを通じて、たくさんの人に出会えた喜びを感じています。サロンで1週間分のおしゃべりをして帰られる一人暮らしの方や、今まで自宅に閉じこもっておられた方が参加して笑顔を見せてくださるといった積み重ねがあるから、今までがんばってこれたのです。すべては人と人とのつながりで、これからも小さくても自分たちの手で活動を続けることがたいせつだと思っています。

（ふれあいサロン喫茶みなみ　スタッフ坪井圭子さん）

（3）これからの復興住宅

　入居から20年が経ち、交流活動が行われている一方で、復興住宅の住民の生活や住民自治活動にもさまざまな変化が出てきている。復興住宅の住民、サロンボランティア、高齢者自立支援ひろばスタッフから話を聞くと、次のような課題が見えてきた。

1）復興住宅住民の生活について

　復興住宅建設直後に入居した住民の間には、「被災」や「復興」がキーワー

ドになったつながりがあった。しかし、一般公営住宅として入居者が入れ替わるにつれ、他人とのつき合いを望まない住民が増えてきた。

その結果、「被災」「復興」というキーワードで住民同士がまとまることが難しくなり、さらに新しい入居者の中にも生活課題を抱える人が多いため、自治活動への参加も少なく、より関係が薄れていった。現在は高齢化が進み生活に課題のある住民も多いため、復興住宅の中だけで支え合う体制をつくることは難しく、自分たちに何ができるのかという不安がある。

2）復興住宅と地域との関係について

交流活動を通じて、復興住宅住民と地域住民が顔見知りの関係になり、支え合い活動に発展していったこともあった。しかし、これまでの関係で地域から受け入れられていない復興住宅や、サロンなどの交流活動がなければ復興住宅が地域にあることさえも知らなかった地域住民も多い。復興住宅住民の高齢化や身体的な課題の深刻化により、交流活動への参加が難しい人も多いため、活動によっては地域住民の参加のほうが多い場合もある。

今後は復興住宅とその周辺地域が交流できるような積極的な支援をしていく必要がある。

3）「自立」を促す制度との矛盾

震災から20年以上が経過し、「まだ復興支援が必要か？」といわれている現状もある。しかし、年々生活課題が深刻化し、個々へのかかわりが必要とされる状況で、復興住宅住民それぞれの生活や自治活動の「自立」を促す制度と、実際の生活や活動の実態との間には大きな矛盾がある。今後の支援を考えるうえでは、復興住宅だけをとらえて考えることは難しいため、復興住宅とその周辺地域とが支え合うような支援の方法を考える必要がある。

（4）復興住宅支援から見えてきたもの

　ここまで、宝塚市内の復興住宅への支援と課題、住民による活動について述べてきたが、今復興住宅で起きていることは、復興住宅に固有の問題ではない。市内の公営住宅や昭和 40 ～昭和 50 年代に開発された地域も同様に高齢化が進み、生活課題が深刻になっているところも多い。復興住宅はその住宅の特質により、これから地域社会で起こる可能性のある地域課題を、先行する形で浮き彫りにしたにすぎない。高齢化により一人ひとりが抱える生活課題が深刻になっていることや、地域福祉活動の担い手が不足していること、自治会に入らない住民が増え住民同士の関係が薄くなっていることは、宝塚市内全域で大きな課題になっている。

　復興住宅の自治会役員の一人は、「小さなことでも自分たちでできることを続けていければ、支え合いや住宅の維持につながるのではないか」と話す。日々の声かけやゴミ出しや買い物など、そのときにできることを一人ひとりが行い、復興住宅周辺の自治会やコミュニティ組織とつながり、一緒に活動をする方法や、ニーズ調査、緊急連絡先の把握などについて、高齢者自立支援ひろばスタッフや地区担当ワーカーなどと一緒にその方法を検討している。

　復興住宅の住民が、自分たちにできる支え合い活動を考え、実行していくことは、市内のさまざまな地域で行われている地域福祉活動と共通する点でもある。その一方で、復興住宅の住民だけで活動が難しくなってきた状況において、復興住宅周辺の自治会などと連携を取りながら活動することは、これからの地域福祉活動を考えるうえで必要になる見方である。復興住宅の現状をきちんと把握したうえで、これまでの復興住宅への支援の経過を見直し評価することは、市内における地域福祉活動を維持するために必要な視点や方法を見出すことにつながると思われる。

（5）阪神・淡路大震災から東日本大震災へ

1）市民による支援

これまでボランティアグループや市社協で取り組んできた災害時の対応や仮設住宅・復興住宅への支援は、2011（平成23）年3月11日に発災した東日本大震災においても活かされた。発災直後より、住民やボランティアグループが義援金や物品の寄付による協力を始め、現在も地域のイベントの際には東北地方の物産を販売し、それを義援金として被災地に送る支援が続いている。

さらに、ボランティアバスを出し、計10回のべ221人が宮城県女川市、気仙沼市、南三陸町、岩手県大船渡市に赴き、瓦礫の撤去や避難所に避難している人へレクリエーションを行うなどの人的支援を行ってきた。そのなかには、日曜大工ボランティアグループが仮設住宅の段差解消のために現地で修繕活動を行ったり、阪神・淡路大震災での支援経験を活かして宮城県南三陸町への支援を継続して行っているボランティアグループもある。

2）市社協職員による支援

このような市民による支援と並行して、市社協も発災直後から現在に至るまで職員を現地に派遣して支援を行っている。宮城県気仙沼市と山元町の災害ボランティアセンターへ計7回60日間、介護職や看護職などの専門職ボランティアを避難所に派遣する活動を行っていた東北関東大震災・共同支援ネットワーク（事務局：特定非営利活動法人全国コミュニティライフサポートセンター）へ計30回272日に渡って職員を派遣し、ボランティアのコーディネート、避難所の運営などの支援を行った。

さらに、災害ボランティアセンターが閉鎖し、県外からのボランティアの受け入れが落ち着いたあとは、仮設住宅および災害公営住宅などで支援を行うために設置された支援者（サポーター）研修のテキスト作成に協力し、仮設住宅での支援や災害公営住宅への転居期における支援者研修の講師として、東北三県に職員を派遣するなどの支援を継続している。

しかし、市社協職員を被災地に派遣することは、その間業務を離れること

になるため少なからず住民への支援に支障が出ることがある。そのような状況にもかかわらず、現在に至るまで6年に渡って職員を被災地へ派遣することができたのは、住民から「自分たちが行けない代わりに行ってきてほしい」「これから自分たちにできることを考えたいので、現地の状況を教えてほしい」といった声が多くあり、職員が被災地支援へ行くことへの後押しがあったからである。

　現在、宝塚市で行われているボランティア活動、地域での見守り活動や生活支援の活動は、阪神・淡路大震災から生まれた住民活動が根づき、新しいつながりを生み出したことが背景にある。今後の宝塚市の地域福祉の推進にあたっては、東日本大震災の支援から学んだことを生かして新たなステップに向かっていくことが求められる。

補 論

住民が主体となった防災・減災対策
第5地区の事例から

佛教大学　福祉教育開発センター　講師

後藤至功

　1995（平成7）年、阪神・淡路大震災において未曾有の被害を受けた宝塚市では、発災後、多くの避難所が開設された。そのなかでも最大の死者数を出した第5地区では、多くの被災者が指定避難所への避難を余儀なくされたが、一方で、自主避難所となった自治会館のほうが比較的運営が円滑に行われたという。自治会館に設けられた当時の避難所を振り返り、宝塚市第5地区民生児童委員協議会の会長は、「顔の見える範囲と互いが少しずつ配慮し合う空間づくりが必要で、こうした配慮が気持ちを寄せ合う関係づくりへとつながった」と語る。

　このことを教訓に、第5地区では、まず自治会連合会（以下、自治会）と民生児童委員協議会（以下、民協）との連携が模索された。手始めに名簿の交換から始まり、その後、課題意識の共有を図るために毎年、研修会を協働で開催した。2009（平成21）年には台風9号により大きな被害を出した佐用郡佐用町へボランティア活動に赴いたり、研修会で被災者を招き、当時の活動状況や復興状況などの話を聴いた。

　2010（平成22）年からは、管内の長尾地区まちづくり協議会（以下、まち協）もこの動きに参画し、本格的な地域主体の防災・減災対策が始まった。まち協を中心として、月に1回、避難所運営における話合いを重ね、2012（平成24）年より要支援者リストを作成し、同意方式により65歳以上の独居高齢者をはじめとした要支援者の把握活動に取り組んだ（要援護者リストは年1回更新し、宝塚市と地域包括支援センター、民協、市社協、自治会の5者で共有）。

　また、同年、それと同時に避難所運営マニュアルを完成させた。「要支援者

の方々が、大勢の人の真ん中にいることを感じてもらえるよう、マニュアルづくりでは最大限の配慮をした」と民協会長。あわせて、「マニュアルはあくまでも話し合いの結果であって目的ではない。その過程がないとマニュアルは絶対に浸透しない」と指摘する。

　その後、2013（平成25）年に第5地区の要支援者への対応をより具体化させるため、地域が管内にある社会福祉法人へ働きかけ、「福祉避難所マニュアル」の策定が始まった。本マニュアル策定にあたり、同法人の職員を中心に同年6月より、月2回ペースでの会議（この会議以外にも各班に分かれてワーキングを設置）を開き、検討を重ねた。法人内での課題を集約した2014（平成26）年からは月1回のペースでの検討に切り替え、加えて地域との合議のための会議として地域連携会議（行政、地域、法人の出席）を設置し、隔月で会議を開催した。この会議には、まち協、自治会、民協の代表が参画し、災害時における相互連携の可能性を模索した（本マニュアルは2015年3月に完成）。

　本事例は、防災・減災対策の基本とは、まさに日常からの協議・取り組みの積み重ね（プロセス重視）であり、実現に向けて自治とケアの視点を重視しながら、縦割りの解消（連携と統合化）をめざすことが重要であるということを教えてくれる。

3章 地域支援・地域生活支援とその体制
――一人ひとりの生活を支えるまちづくり――

　本章では、2章で紹介した市民主体の福祉のまちづくりを推進するうえでの、宝塚市社協の実践に焦点を当てる。

　特に、地域支援のための地区担当ワーカー配置の考え方と実践、および個別支援と地域支援を統合して生活課題の解決に動くためのエリアチーム制導入などの組織改革を伴う実践の成果と課題について検証する。

1節●地区担当ワーカーの配置とその実践

（1）地区担当ワーカーのブロック配置

　宝塚市社協は、市内20のまちづくり協議会をはじめとした小地域での福祉活動推進を目的に、7ブロックごとに地区センターを設置し、そこに地区担当ワーカー（コミュニティワーカー）を配置している。

　地区担当ワーカーを1か所拠点に配置するのではなく地区配置とした最大の理由は、市のコミュニティ施策を活かした小地域福祉活動の推進であった。市のコミュニティ施策としては、1993（平成5）年から、おおむね小学校区単位でまちづくり協議会が組織化され始め、その後にサービス供給エリアとして市内が7ブロックに区割りされた。この時期、折りしも阪神・淡路大震災を契機として住民の自発的な福祉活動が市内各地域で活発化しており、まちづくり協議会の設置がかなり進んだ。これに伴い、市社協は第2次地域福祉推進計画において、地区担当ワーカーによるまちづくり協議会福祉部の支援を通した小地域福祉活動推進を打ち出したのである。市社協はこの計画に基づき、活発化する地域の住民福祉活動を支援するには、一拠点から地区担

当ワーカーが出向くスタイルでは対応しきれないことから、地区センターを地域安心拠点として位置づけ、そこに地区担当ワーカーを順次配置することで、地域ニーズに即したきめ細かな支援を可能にする体制を構想した。

　ワーカーを地区配置してきた背景にはもう一つ、介護保険制度の影響がある。多様な主体が介護サービスを地域で展開することが予測されるなか、単にサービス供給の問題としてとらえるのではなく、それらを地域づくりの視点から住民が活用できるよう、地域住民への働きかけや支援を手厚くする必要があるという市社協の判断で地区配置に踏み切った。

　第2次地域福祉推進計画に基づく市との協議を経て、地区センター整備と地区担当ワーカー配置を順次進めたが、そのなかで当初から課題になることが想定されたのが、地区担当ワーカーの"タコツボ化"であった。一拠点への配置であればワーカー間で情報共有も可能であるが、7つの拠点がばらばらになればそれが難しい。これらの課題への対応として、市社協は2つの対応を行った。1つめは、1地区センター（1拠点）に1人のワーカー配置ではなく、2〜3人を配置した。これによって、ワーカーが孤立することなく、地区センター内で情報を共有することができた。2つめは、地区担当ワーカーの動きを組織内で確認し、必要に応じて管理職が指示を出せる仕組みづくりである。具体的には、地区担当ワーカー共通の計画・記録を整備し、それを管理職まで上げるルールをつくるとともに、それらの記録を活用した定例会議・研修を実施した。

図表19　地区担当ワーカーの配置展開

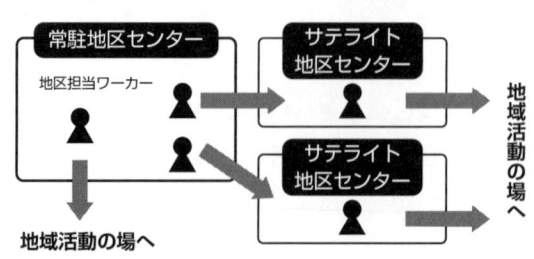

当初は、1つの地区センターに地区担当ワーカーを1人配置していたが、ワーカーが外出などにより不在の時間の対応ができない、ワーカー同士の情報共有や日常的な相談がしにくいなどといった業務上での課題が見えてきた。そこで、常駐地区センターとサテライト型の地区センターに分け、常駐地区センターに地区担当ワーカーを2〜3人配置する方式に変更した。このことによって、地域活動者と身近な関係づくりができるうえに、ワーカー同士の情報共有や協力体制がスムーズになった。

（２）地区担当ワーカーの役割

　地区担当ワーカーは、地域住民の福祉活動の相談に対応したり、計画づくりを支援したりするとともに、福祉専門職と連携しながら生活課題を調査し、地域福祉活動を活性化するためのさまざまなプログラムを通して課題解決に結びつけている。これらワーカーの役割は、図表20のようにA～Gの7つの機能に整理される。

図表20　地区担当ワーカーの役割

機　能	大事にしている視点・価値
A. 地域住民からの 相談対応	・住民からの訴え、雑談の中にある潜在したニーズを探る ・住民が課題と感じていることを口に出してもらい、気づきを促すなど、住民の抱える課題の表出を支援する
B. 調整	・地域ニーズと支え合い活動の情報・資源をつなぐ ・地域活動者や当事者からの情報を適切なところにつなぐ ・地域の実情や課題に応じ、適切につなぐ方法を選択する ・専門職がきちんと住民へフィードバックできているかを確認し、次につながる支援を働きかける
C. 会議の運営補助 （協議支援）	・地域住民が会議を開催する際の準備、司会進行の補助等を行う ・話し合いの促進、論点整理、継続的に話し合うための働きかけ
D. 課題の可視化	・住民からの相談や、会議等での住民同士の話し合いから見えてきた生活課題を広く知らせ、多くの人々と課題を共有することを働きかける ・さまざまな手法を用いて、住民が地域のことやそこでの生活課題を知り、共感し、一緒に考える土台をつくる ・ワーカー自身が地域分析・課題整理を行う。当事者の抱える悩みなどは、先取りした情報・事例を用意し、場合によっては専門職が準備した情報を住民に提供することで化学反応を起こしてもらう
E. プログラム 開発支援	・継続的に支援できる方法かどうかの検討を促す ・プログラムの主体は住民であるため、専門職目線のプログラムにならないようにする ・プログラムの実施が目的化しないよう留意する
F. 場づくり支援	・人、情報が交流し、助け合える場になるよう、企画と方法の選択を支援する ・場をつくることで、そこに参加する住民・関係者の主体性や自発性が高まったり、協働性が生まれたりしているかを見極める
G. 計画づくり 支援	・時間の流れ、地域の流れ、制度の流れを読み、課題解決をすすめるうえで必要な活動を住民目線でつくり上げることに留意して支援する ・住民が自分たちで決め、活動する基盤であることの合意を重視する ・計画を実現するうえで必要となるパートナー（資源）探しを支援する

（3）地区担当ワーカー業務の実際

地区担当ワーカーが、図表20で示した7つの機能により地区支援を進めるうえで活用するのが、市社協の地域支援プログラムである。この地域支援プログラムの最大の特徴は、住民が話し合い、課題を明らかにしたうえで、活動プログラムを選択・開発し、計画化するというコミュニティワークのプロセスを踏みながら、地域の状況に合った活動の歩みを進めることができるよう設計されている点である。

地域支援プログラムの中で特に大きな比重を占めるのが、福祉コミュニティ支援事業をはじめとする地域福祉活動を促進するプログラムと校区ネットワーク会議などの協議を促進するプログラムである。ここでは、その2つのプログラムを活用した地区担当ワーカーの業務を紹介する。

なお、地区担当ワーカーは、担当地区における住民活動支援のみならず、市域の地域福祉関連事業として、たとえば緊急通報システムや社会福祉大会などの業務にも担ってきた。担当地区における支援業務とそれ以外の業務の比率は、ワーカーによってバラつきがあるものの、おおよそ8対2となっている。

1）地域福祉活動を促進するプログラム

地域における住民の福祉活動を支援する市社協のプログラムの一つが、福祉コミュニティ支援事業である（参考資料参照）。これは、まちづくり協議会を対象とした活動助成で、1998（平成10）年からスタートさせた。

福祉コミュニティ支援事業の特徴は、活動プログラムを市社協が決めるのではなく、住民が決めることを基本とし、同事業の活用を通して地域が段階的に福祉力を高められる流れにしたことである。つまり、ワーカーの7つの機能であるA〜Gの力を地域自体がつけていくことをねらいとしている。具体的には、「知る・学ぶ・伝える」と「ふれあう・交流する」という基本活動と、「協議する・連携する」「見守る・予防する」「人材を育てる」というステップアップ活動、「支えあう」という重点活動という6つの項目から地域が選

択し、地域福祉活動の基盤をつくりながら、それらの機能に見合う活動を話し合い、開発することになっている。

このほか、「ふれあい・いきいきサロン支援事業」、自治会範域での見守り活動の推進として「自治会地域見守りネットワーク支援事業」などがあり、それらのプログラムを日常生活圏域ごとに重ね合わせながら、推進している（2章1節参照）。この支援形態は、第4次地域福祉推進計画時には「複合プログラム」と呼ばれる住民福祉活動として発展した（3章90頁補論参照）。

2）地域における協議を促進するプログラム
－校区ネットワーク会議と地域ささえあい会議－

ワーカーが7つの機能の中でも重視するのが、「C.会議の運営補助（協議支援）」を通した地域課題の明確化と関係者の協働関係づくりである。これを支援するプログラムが、校区ネットワーク会議と地域ささえあい会議である。

校区ネットワーク会議については、住民が福祉専門職と協働・協議する場であり、福祉コミュニティ支援事業の必須事業に位置づけている（設置の経緯は2章1節（4）の1）参照）。校区ネットワーク会議で取り上げられる主なテーマとメンバー構成は図表21のとおりである。テーマ設定により、具体的な解決方法を見出すまでに長い期間を要することもあるが、即実行が可能なことについては、福祉活動に盛り込み、実行体制をつくっている。住民だけで取り組むのが困難な課題などは、専門職や行政の協力を要請し、住民と専門職がそれぞれの役割を明確にする場としても機能している。

近年、校区ネットワーク会議に加えて、地区担当ワーカーが重点的に支援しているのが地域ささえあい会議である。地域ささえあい会議とは、自治会範域など校区より狭いエリアで、近隣住民同士が地域での生活課題について話し合う場である。小学校区ではエリアが広すぎて見守りが進めにくく、具体的な解決に至らないという校区ネットワーク会議に参加する住民の意見がきっかけとなった。このため、自治会範域での地域ささえあい会議づくりを地区担当ワーカーが働きかけている。地域ささえあい会議では、ワークショッ

プ形式なども取り入れながら、専門職が考える"気になる人"と住民が考える"気になる人"とのズレを明らかにしたり、本人のニーズに基づいて住民と専門職の役割分担や連携方法を確認したり、専門職も参加して定期的に情報交換しながら、生活支援につなげている。

校区ネットワーク会議と地域ささえあい会議のいずれの支援においても、地区担当ワーカーは潜在化しやすい当事者の生活課題を浮かび上がらせ、それらの課題を当事者目線で話し合い、解決に向かうよう支援している。具体的には、会議に課題を抱える当事者に参加してもらうよう働きかけたり、当事者と近隣住民や地域組織の役員・ボランティアとの関係づくりを支援したりして、相互の気づきをもち帰ってもらうことを大事にしている。

しかし、話し合いを重ね、課題をもち帰るだけでは具体的な解決には至りにくい。このため、専門職にも参加を促し、具体的な課題解決に向かう会議運営に留意している。また、会議の開催が目的化したり、学習会に終始したりしないよう、本来の目的を達成するために必要なことを地区担当ワーカー自身も考え、かかわりのタイミングを見極めながらサポートを行っている。

地区担当ワーカーには、当事者を含む住民のもつ力を信じること、そして生活課題を解決していくうえで必要な情報を取捨選択し、それらを適切なタイミングで提示したり、必要に応じて学習の機会をつくったりしながら、住民と専門職間に生まれやすい価値観のズレを調整することが求められている。

図表21 校区ネットワーク会議の構成メンバーと会議内容

小学校区　メンバー構成	開催数	内　容
・まちづくり協議会会長 ・まちづくり協議会福祉部員（民生児童委員含む） ・自治会、管理組合・地域活動者（ミニデイ、サロン） ・小学校ＰＴＡ・小学校校長 ・老人会 ・地域内の福祉施設 ・地域包括支援センター ・当事者・介護者家族の会・障害児の親の会 ・子育てボランティア活動者 ・児童館　　　　　　　　　　など	1〜6回	・各団体からの情報交換 ・児童の安全、高齢者の見守りについて ・福祉活動拠点について ・地域活動を通じての相談や課題について ・災害時要援護者の支援について ・認知症の方とのかかわりについて ・地域課題とまちづくり計画について ・地域の安全マップづくりについて ・自治会ベース防犯グループ立ち上げについて ・地域の障害者との交流について ・居場所づくりに向けて　　　　　　　　など

図表22　地域ささえあい会議の取り組み

	自治会名（自治会内の班／マンション名も可）	頻度	H25実施回数	かかわっている住民				専門職の参加	困った時に専門職に繋いでいる	気になる個人について話し合われている
				自治会	民生委員	老人会	サロン等ボランティア			
1	A自治会	月1回	12?	有り	有り		有り	無し	○	○
2	B団地自治会	1カ月半〜2カ月に1回	6	有り	有り	有り	有り	有り	○	○
3	C自治会	不定期	6	有り	有り	有り	有り	有り	○	○
4	Dマンション（H26自治会設立予定）	月に1回	3	有り	無し	無し	有り	有り	○	○
5	Eマンション（H26自治会設立予定）	月1回	11	無し	有り	無し	有り	無し	○	○
6	Fマンション（助け合いグループ）	月1回	11	有り	有り	有り	無し	有り	○	○
7	Eマンション（助け合いグループ）	月1回程度	12	有り	無し	無し	有り	有り	○	○
8	Fマンション（助け合いグループ）	月1回	11	無し	有り	無し	有り	有り	○	○
9	G団地自治会	月1回	5	有り	有り	有り	有り	有り	○	○個別ケースで粗大ゴミ搬出に困っている方に支援対応
10	公営H自治会	随時	3	有り	有り	有り	有り	有り	○	○
11	I自治会	随時	3	有り	有り	無し	無し	有り	○	○
12	J自治会	月1回	11	有り	無し	無し	無し	有り	○	○
13	K自治会	月1回	1	有り	有り	無し	有り	有り	○	○
14	L自治会	月1回	3	有り	有り	有り	有り	有り	○	○
15	M自治会	不定期	1	無し	有り	無し	有り	有り	○	○

（一覧表より抜粋）

（4）地区担当ワーカーへの OJT

　組織として地区担当ワーカーの業務を把握するとともに、OJT としてワーカー育成を進めるために、次の３つの取り組みを導入してきた。

１）地区担当ワーカーの記録の蓄積

　地区担当ワーカーの動きを組織として把握するために、市社協では日報（ワーカー行動記録）、会議記録、事業企画書など共通の書式を整備している。これは、業務管理のみならず OJT やスーパービジョンにも活用している。

　日報は、地区担当ワーカー自身の働きかけ、行動の意図や気づきなどを支援対象別に記載することで、次のアプローチへのアイデアや気づきとなっている。ほかの地区担当ワーカーとともに事例検討する際、分析視点で地区担当ワーカーの活動を検証することができる点においても重要なツールとなっている（図表 23 参照）。ほかにも、地区別基礎データ表や支援アプローチの内容を記録した経過表を整備している。これらは、地域福祉計画などを策定する際に定点観測し、比較・評価できるものとなっている。また、日報を年度ごとにまとめる作業も行っている。

　このようにして日々の業務をまとめる作業を習慣づけることは、ワーカー自身の実践の振り返りにつながるとともに、定期的なスーパービジョンや地区担当ワーカー同士の支援分析につながっている。

２）記録を活用した地区担当ワーカーの行動分析

　会議記録は、住民が開催する協議の場に対して地区担当ワーカーがどのような判断で支援を行ったのかを知る資料となる。これらはワーカー個人が振り返りに活用するだけでなく、ほかの地区担当ワーカーと共有し、ワーカー全体のスキルアップとなるように活用している。具体的には、地区担当ワーカー間の定例会議を設け、事例検討を行ったり、年次計画を半期ごとに評価したりする際に、記録に基づく議論を行う。結果や効果が出るのに時間を要する地域支援においては、PDCA サイクルの流れを意識した日常業務が地

区担当ワーカーのスキルアップに影響している。

3）地区担当ワーカーによるコミュニティワーク事例検討会の実践

地区担当ワーカー養成の一環としては、定例のコミュニティワーク事例検討会を開催している。検討会にあたっては、次の3つの点に留意している。

1つめは、検討会の定例化である。原則として1、2か月に1回開催できるよう年間スケジュールを組み、検討会における役割分担についても事前調整のうえ、実施している。

2つめは、メンバー間で事例を十分に理解できるような事前準備とツールの整備である。検討会では、事例提供者である地区担当ワーカーの支援活動が妥当なのかについて客観視したうえで、ほかの方法がないかなどを検討する。この際、事例提供者と参加メンバーでは、担当している地域や個々の経験年数が異なるので、事例について参加メンバー全員が理解できる工夫が必要になる。これがないと表面上の検討にとどまってしまい具体策の検討にまでは至らない。そこで、事例シートを作成する際には、日報を活用して実際に支援している内容を整理し、事例検討メンバーに提供するようにしている。

3つめは、事例検討会における役割分担を通したワーカーのスキルアップである。提示された事例は、参加メンバーが同じような体験をしていることも多く、事例提供者のみならず参加メンバーが気づきを得ることができる。また、検討会では事例提供者、司会、記録、スーパーバイザーの4つの役割を決め、それぞれを地区担当ワーカーが担っている。司会者としてファシリテーションや全体の進行を体験したり、スーパーバイザーとして板書をしながら論点を整理する経験を積んだりすることは、ワーカー自身が担当地域において会議メンバーの意見から地域課題を抽出し、活発な議論をサポートするうえで必要な技術であり、事例検討会はそれらを習得する機会となっている。さらに、事例検討後には全員が振り返りシートを作成し、それらを集約して参加者自身の実践にフィードバックしている。

なお、事例検討のテーマは、ワーカーが住民の地域福祉活動を支援するうえで抱えている課題や悩みを取り上げている（図表24）。

図表23 地区担当ワーカー行動記録

ワーカー行動記録

※事例検討様式で 活用の部分　↓　※事例検討様式で 活用の部分　↓　※事例検討様式で 活用の部分　↓

日時	コミュニティ区	相手方	事業・会議名等	経過・内容・主な事柄等	ワーカーのかかわり（働きかけ）	ワーカーの思い・気づき・コメント等	
6月4日	A	○○○サロン	○○サロン	・高齢者の防火対策のお話をサロンで実施。 ・たくさんの住民に聞いてもらえるよう、自治会・老人会にもお声掛けされた。	お話の内容について取材し、K校区の広報誌に掲載依頼。	・サロンでの勉強会の様子を写真にしておけば、サロン紹介で使える。 ・サロンでは活動や勉強会、老人会との連携も行っているが、当たり前のこととして実施している。このような取り組みが連携につながっていることをお伝えして意識してもらう必要がある。	
6月5日	B	民家型デイ○○○運営委員会	民家型デイ○○○運営委員会	消防訓練の実施について（昨年度の振り返りと今年度の実施に向けて）	議事録と司会	運営委員会が始まった当初から、地区担当が司会を行っており、4月からは私が司会を行っているが、今までの人間関係や考え方も分からず、自由な話し合いを促せていない。運営委員長に司会をお願いできないか。	
6月6日	A	○○小学校民家型デイ◇◇	○○小学校3年生のまち体験受け入れ	○○小学校3年生が、まち体験で民家型デイ◇◇◇◇を見学	写真撮影	地域の中にある施設として受け入れられている。もっとこのような取り組みを○○地域内のほかの施設等で展開できないか。	
6月9日	A	ケアマネデイ	Gさんケースカンファ				
6月10日	A	まち協民家型デイ◇◇◇◇	ひょうごの福祉7月号の取材	NPOと地域活動者の連携について「ひょうごの福祉」の取材を受ける。（地域活動者、民家型デイ）	・先方の取材意図を確認し、福祉部長Tさん、Nさん、Tさん、Kさん（困難な個別支援ケースに関わることが多く、活動や施設と上手く連携している）をコーディネート	福祉部長だけでなく、いろいろな人に出番があることで、本人のエンパワメントに繋がるだけでなく、外部の方がインタビューを行うことで新しい事実を知ることもあり、地区担当にとっても同席することは良い機会になっている。	
6月11日		社会福祉大会		今年度から、新たにNPOも推薦対象となったため、社会福祉大会や表彰についての説明をNPOセンターに行う。	・社会福祉大会、表彰推薦についての説明・福祉活動を行うNPO団体のリストをいただく		
6月12日	B	民家型デイ○○○○運営委員長	民家型デイ○○○運営委員会打ち合わせ	運営委員長と、○○地域の歴史・運営委員会の持ち方・司会交代についての相談。（大丈夫、今のまま社協職員でやってください。ということだったが。。。。）	・地域を知るために○○地域の歴史や、運営委員会の持ち方をお伺いする。 ・司会については、自由な話し合いが大事なことを強調した上で、委員長にお願いする。	地域の事を知らない、活動者の人も知らない、誘導してしまいがちな自分の司会について自覚することになった。	
6月13日	B	○○地域自治会・民生委員	○○自治会地域自治会・民生委員との交流会				
6月18日	B	まち協福祉部	N校区NW会議の打ち合わせ	N会議の議題、進め方、話し合い後の展開などについて打ち合わせ。	・今までの話し合いのテーマ、進め方についてご説明。 ・N校区の高齢化率・子ども人口のデータ		
6月26日	B	校区NW会議メンバー	N校区NW会議	①各参加者の活動紹介②グループに分かれての情報交換（地域の課題や状況など）	・資料の準備・記録	①主催者の福祉部が、回数を重ねるごとにNW会議のイメージをつかめており、課題解決に向けての発言があった。②参加者の活動紹介が長く、グループの話し合い発表ができなかったため、進行補助が必要。	
6月27日	A	まち協福祉部	K校区NW会議打ち合わせ				

①地域で一人ひとりを支える しくみづくり					②地域福祉を進める仕組みと 土壌づくり						③協働による新たな課題解決の仕組みづくり	④地域の基盤を支える 仕組みづくり				
地域さえあい会議	緊急通報福祉電話	児童館民家型デイ	民生委員	個別ケース	自治会支援	校区NW会議	福祉Co支援事業	サロン・ミニデイ	実習指導	福祉教育	相談窓口	社協会員募集	共同募金	歳末助けあい	赤十字	その他会議、研修、会館管理等
								○								
								○								
											○					
○				○												
																○
												○				○
								○		○						
			○		○											
						○	○									
						○	○									
						○										

- Aまち協の新たな活動へ支援について。福祉部会や、まち協全体にコンセンサスを得るための アプローチがうまく進まない。今後、コミュニティワーカーはどのようにかかわればよいか。

- Bまち協を構成する組織と、活動者間の連携が難しく、地域福祉活動が進まない。福祉活動 に興味のある人や活動者を新たに組織化することについて。

- 高齢化する集合住宅のC自治会で、福祉活動の立ち上げに向けて動き出したが、今後活動を 住民自身で運営するために、地区担当ワーカーはどのようにかかわればよいか。

- サロン助成、サロン交流会などを含む「ふれあい・いきいきサロン」への今後の支援につい て、地区担当ワーカーとしてどのように支援していくべきか。

- 若年性認知症のEさんが、地域で活躍し、生活し続けていくためにどんな地域支援が必要 で、地区担当ワーカーや関係機関はどのような役割を担うか。

2節●エリアチーム制による実践と評価

（1）地域を基盤においた多職種によるチームアプローチ

1）エリアチーム制の誕生

　宝塚市社協は、地域支援を担当する地域福祉部門と個別支援を担当する高齢者・障害者等の在宅福祉部門に分かれた機能別の組織編制であったが、2012（平成24）年度より日常生活圏域（小学校区）ごとのエリア別組織編制とした（図表25参照）。具体的には、地区担当ワーカー、ケアマネジャーや地域包括支援センター職員などの相談支援職員、通所介護・訪問介護などの介護保険事業を担当するケアワーカーら3職種が校区チームを編成し、チームで地域生活支援に取り組む体制をつくった。また、社協のみならず社協外の主体間との連携を含めた地域福祉のセーフティネットの仕組みとして、「宝塚市セーフティネット会議」を自治体と協働して構築することとなった（5章参照）。

これらの取り組みの背景には、制度の枠で対応できない複雑多岐にわたる生活課題を抱えるケースが増えてきたことに加え、組織が縦割り化し、法人内の機能を活かしきれていないことがあった。実際に、各地域での福祉活動が活性化し、地域住民による課題発見力が高まるにつれ、地区担当ワーカーへ寄せられる相談内容が地域福祉活動・ボランティア活動、福祉制度や一人暮らし高齢者の安否確認などの相談にとどまらず、ゴミ屋敷、ひきこもり、若年認知症の人への対応など、多岐にわたる内容の相談が増えてきていた。

　そこで、住民と地区担当ワーカーだけでなく、福祉専門職との協力体制をつくるために、2009（平成21）年より地域福祉コーディネーターを新たに配置するとともに、社協総合化プロジェクトを立ち上げ、社協内部での機能的な連携を図ろうとした。しかし、プロジェクトに参加していない職員にはその意識が広がらず法人内の縦割りの解消にはならなかった。このため、市社協は第5次地域福祉推進計画において、「制度の枠にとらわれない支援」の構築を重点目標とし、エリアチーム制による市社協の組織機構改革に踏み切った。

2）エリアチームの立ち上げ初期（2012年〜2013年）

　エリアチーム制を導入した初年度である2012（平成24）年度は、まず市域の7ブロックを東西に分け、東地区担当課、西地区担当課をおいたうえで、小学校区に3職種を配置した。チーム編成においては、市社協の在宅福祉事業が偏在している西地区での校区チームは編成がスムーズであったが、東地区は市社協の拠点施設が整備されておらず、小学校区範域に職員を編成することが容易でなかったため、他機関・他事業所と連携を進めるチームづくりを構想した。

　校区チームの始動にあたっては、まず、職員間でエリアチーム制を導入した目的を共有し、進め方を話し合う必要があった。このため、エリアチーム制を導入した初年度は推進委員会を設置し、市社協管理職、現場ワーカーと研究者らが一緒になってチーム運営のための学習と話し合いを進めた。推進委員会は計8回開催し、エリアチーム制の意義の確認をはじめチーム運営の方法を話し合い、運営した成果を共有した。

図表25　組織構成の編成図

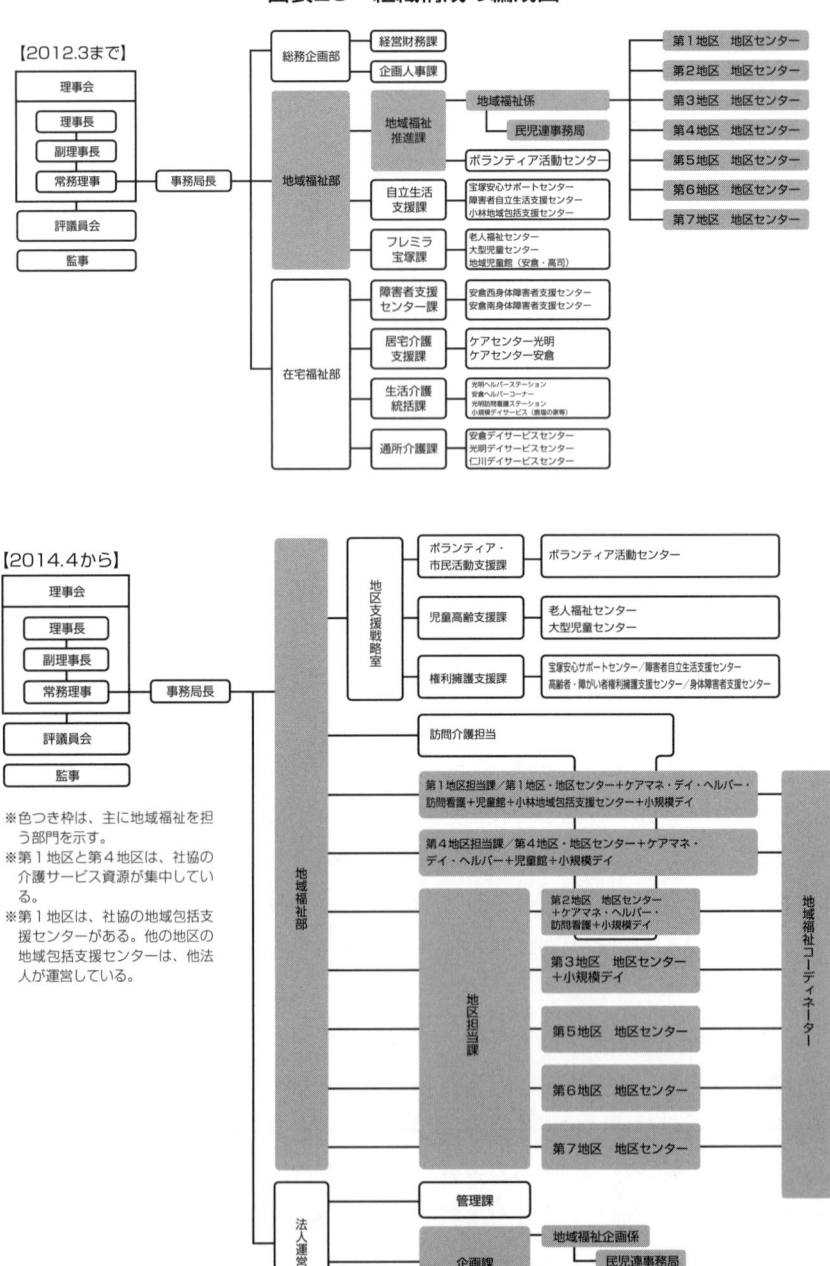

【2012.3まで】

理事会
- 理事長
- 副理事長
- 常務理事

評議員会

監事

事務局長 → 総務企画部
- 経営財務課
- 企画人事課

地域福祉部
- 地域福祉推進課
  - 地域福祉係
    - 民児連事務局
  - ボランティア活動センター
- 自立生活支援課
  - 宝塚安心サポートセンター
  - 障害者自立生活支援センター
  - 小林地域包括支援センター
- フレミラ宝塚課
  - 老人福祉センター
  - 大型児童センター
  - 地域児童館（安倉・高司）

在宅福祉部
- 障害者支援センター課
  - 安倉西身体障害者支援センター
  - 安倉南身体障害者支援センター
- 居宅介護支援課
  - ケアセンター光明
  - ケアセンター安倉
- 生活介護統括課
  - 光明ヘルパーステーション
  - 安倉ヘルパーコーナー
  - 光明訪問看護ステーション
  - 小規模デイサービス（高齢の家等）
- 通所介護課
  - 安倉デイサービスセンター
  - 光明デイサービスセンター
  - 仁川デイサービスセンター

第1地区　地区センター
第2地区　地区センター
第3地区　地区センター
第4地区　地区センター
第5地区　地区センター
第6地区　地区センター
第7地区　地区センター

【2014.4から】

理事会
- 理事長
- 副理事長
- 常務理事

評議員会

監事

※色つき枠は、主に地域福祉を担う部門を示す。
※第1地区と第4地区は、社協の介護サービス資源が集中している。
※第1地区は、社協の地域包括支援センターがある。他の地区の地域包括支援センターは、他法人が運営している。

事務局長 → 地域福祉部
- 地区支援戦略室
  - ボランティア・市民活動支援課
    - ボランティア活動センター
  - 児童高齢支援課
    - 老人福祉センター
    - 大型児童センター
  - 権利擁護支援課
    - 宝塚安心サポートセンター／障害者自立生活支援センター
    - 高齢者・障がい者権利擁護支援センター／身体障害者支援センター
- 訪問介護担当
- 第1地区担当課／第1地区・地区センター＋ケアマネ・デイ・ヘルパー・訪問看護＋児童館＋小林地域包括支援センター＋小規模デイ
- 第4地区担当課／第4地区・地区センター＋ケアマネ・デイ・ヘルパー＋児童館＋小規模デイ
- 地区担当課
  - 第2地区　地区センター＋ケアマネ・ヘルパー・訪問看護＋小規模デイ
  - 第3地区　地区センター＋小規模デイ
  - 第5地区　地区センター
  - 第6地区　地区センター
  - 第7地区　地区センター
- 地域福祉コーディネーター

法人運営
- 管理課
- 企画課
  - 地域福祉企画係
    - 民児連事務局
  - 人事係

エリアチーム制の導入初期に一番苦労したのは、職員の意識変革であった。職員自身がエリアチーム制度の意義を理解し、それに伴ってこれまでの業務スタイルを変化させるためのアプローチに腐心した。そのためには、推進委員会での学習だけでなく、実際に地域のサロンなどに出向き、利用者以外の住民との関係を築くなかで地域のもつ力に気づくことが有効であった。当初は、民生児童委員とサロンのボランティアとだけしか接点のなかったチームも、活動を重ねるごとに、自治会役員会やまちづくり協議会の役員会へ出席し、より幅広い住民との関係性を築いてきた。

東西の地区におけるアプローチの違いも課題として浮上してきた。市社協が経営する福祉サービス事業所が少ないために他機関・事業所との連携が必須であった東地区では、ほかの校区チームと異なる運営が必要であり、アプローチに苦戦した。

このほか、チーム内の意思決定のルールづくりや市社協内における指示命令系統の仕組みづくりなどのマネジメント面の課題があり、その対応を図ってきた。

3）エリアチームの立ち上げ後期（2014年〜2015年）

エリアチーム制が誕生してから毎年、社協の組織体制を変更し、第一地区担当課、第四地区担当課、地区担当課が組織され、現状のエリアチーム制の体制が整備された。

特に第一地区担当課では、職種に関係なく担当校区を決め、校区チームを編成した。校区チームの動きとして、社協内の多職種間で情報共有する場（会議の場）を毎月設け、各小学校区のチームの活動報告と活動の振り返り、次月の目標設定などを行ってきた。各校区チームの取りまとめ役として校区長を設置し、定例で校区長会議を開催した。校区長会議では、校区チームが地域活動へ参画できるように、地区担当ワーカーが地域活動の情報を提供した。このようにして、校区チームの体制を整備し、活動が始まった。まずは、地域住民が集う場（サロン等）、話し合いの場（相談窓口）等に出向き、日常業務の延長でできることとして出前講座などを企画し、地域の皆さんに顔を

覚えてもらうことから始めた。

　校区チームの活動評価は第5次地域福祉推進計画に基づいて作成した「振り返りシート」を活用して年に2回実施した。

　振り返りシートを集計した結果として、立ち上げ期では、「地域福祉を進める土壌と仕組みづくり」の割合が高くなっており、また、従来は地域住民からの相談は地区担当ワーカーへ入っていたが、2014（平成26）年度後半からは地域住民から直接、校区チームメンバーに入るようになった。振り返りシートの集計項目の中からも「地域で一人ひとりを支える仕組みづくり」の割合が多くなり、校区チームの動きが地域とともに進める個別支援期へと進んでいくこととなった。

4）エリアチームの個別支援期　　（2015年〜2016年）

　以上のように、校区チームのメンバーと地域活動者が日常的に連携できるようになり、地域活動や地域ささえあい会議等を通じて、地域で気になる方や困りごとの相談が入ってくるようになってきた。地域から寄せられる相談内容の大半は、介護保険関係や認知症等の問題など高齢者に関することであったが、権利擁護や生活困窮、ごみ屋敷、生活トラブルなど高齢者以外の若年層を含めた世帯の相談も入るようになり、校区チームのメンバーだけでは対応が困難な相談が増えた。それらのことを踏まえて、社協全体で校区チームの抱える課題や生活課題の解決に向けた仕組みとして、生活支援調整会議を開催することとなった。生活支援調整会議では、校区チームが困っている事例を解決するためのアプローチ方法などを検討したが、校区チームが期待した協力体制の整備や新たな社会資源を創造するなどには至らなかった。生活支援調整会議は、校区チームのバックアップを行い、次の対応などを検討することを目的として開催していたが、校区チームは生活支援調整会議が困っている事例を引き受けて対応してくれると思っていた。

　それらの行き違いがあったことが、結果的に校区チームが受けた困難な相談も校区チームが責任をもって対応していくという姿勢となり、校区チーム自身がその運営や課題解決について模索しながら実践を進めていくこととな

った。

　校区チームの実践において、身近なエリアでの住民との協働による個別支援を丁寧に行ってきたことが、従来、行ってきた個別支援に加えて、要支援者の地域での暮らしぶりや住んでいる地域で築かれている関係性に目を向ける支援を意識することにつながった。その頃から、業務中の日常会話の中で、サービス事業所の情報だけなく、地域で行われているサロン活動やボランティアの情報が共有されるようになった。これらの地域と協働した校区チームの実践が当事者本人と地域の関係を重視する地域生活支援へと発展していった。

　誰もが暮らしやすい地域づくりを住民と共にそれぞれの役割を担いながら実践することが、社協が目指す高齢・障害・児童等福祉の分野にとらわれず個別援助を進めていく意義である（図表26）。

5）地域支援移行期　　（2017年〜　）

　校区チームによる個別支援と地域支援の一体的な実践を進める中で、地域住民が把握していない生活課題、専門職が把握できていない地域課題が明らかとなってきた。

　校区チームの行う地域支援は個別支援の延長で行ってきた。その中で、専門職が対応できないことを地域住民は担っていることがわかり、地域・専門職とのネットワークづくりの重要性がわかってきた。

　地域共同ケア体制や総合相談支援体制を実現するには、地域住民間のネットワークも大事であるが、専門職間のネットワークを構築し、特に専門職向けには、地域協働の意義を正しく理解することから始めることが重要である。これらの体制を市内全域に広げていくことは、当会の目指す地域福祉の推進において、大きな課題である。

　第6次地域福祉推進計画においては、これらのエリアチーム制で培ったノウハウを活かして、住民による情報共有の場としてのブロック会議と専門職による地域課題の明確化と協働による解決方法を開発する場としての地域生活支援会議を設置し、2つの会議体を相互に作用させながら、総合相談支援体制を整備していくことが計画されている。

図表26 校区チーム相談対応集計
校区チームに寄せられた相談総数、相談者の年齢、相談内容、経路

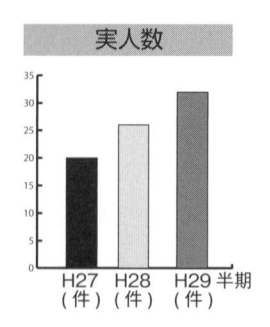

実人数

| | H27（件） | H28（件） | H29 半期（件） |

年　代

H27
- 20〜40　14%
- 41〜60　14%
- 61〜70　9%
- 71以上　63%

H28
- 20〜40　7%
- 41〜60　4%
- 61〜70　18%
- 71以上　71%

H29 半期
- 20〜40　9%
- 41〜60　9%
- 61〜70　6%
- 71以上　76%

内容（複数回答）

H27
- 介護保険　10%
- その他（住まい等）　10%
- 障害　7%
- 生活困窮権利擁護　29%
- 生活支援　12%
- 認知症　32%

H28
- 介護保険　15%
- その他（住まい等）　19%
- 障害　7%
- 生活困窮権利擁護　11%
- 生活支援　17%
- 認知症　31%

H29 半期
- その他（住まい等）　10%
- 介護保険　17%
- 障害　2%
- 生活困窮権利擁護　12%
- 生活支援　25%
- 認知症　34%

相談経路（複数回答）

H27
- その他　7%
- 本人　4%
- 家族　18%
- 関係者（ケアマネ・行政等）　30%
- 民生児童委員　26%
- 地域住民（自治会長等）　15%

H28
- その他　7%
- 本人　7%
- 家族　16%
- 民生児童委員　12%
- 関係者（ケアマネ・行政等）　49%
- 地域住民（自治会長等）　9%

H29 半期
- その他　11%
- 本人　6%
- 家族　15%
- 民生児童委員　11%
- 関係者（ケアマネ・行政等）　33%
- 地域住民（自治会長等）　24%

（2）エリアチーム制による実践の分析

1）エリアチーム制から生まれた協働実践

　エリアチームは、少しずつではあるが制度の狭間にあるケースへのかかわりを通し、地域住民と専門職が話し合い、協働して解決していく流れをつくり始めている。具体的な実践としては、図表27のような動きが見えてきた。

　こうした実践を通じて、専門職の動きにも変化が見られるようになった。地域での見守りをはじめ、さまざまな地域福祉活動が展開され、制度で対応できないことが近隣住民同士の支え合いの中で対応されていることを知った。ケアマネジャーなどの専門職のケース記録に地域福祉活動や地域住民の名前が記載されるようになった。さらに、これらの気づきや情報を校区チームのメンバー内で共有できるように、ケース記録の中に地域資源、これから必要な資源やエコマップなどを記載する欄を設け、記録するようになっている。

図表27　校区チームによる実践例

- ●何度か地域に足を運び、住民と顔なじみの関係ができたことで、認知症高齢者の生活課題が明らかとなった。このため、メンバーの職種を活かして認知症の学習会や寸劇を地域住民に提案し、住民と一緒に企画・実施している。
- ●近所の気になる人について住民と専門職が定期的に情報交換する場をつくることができた。それらを「地域ささえあい会議」として校区内で広げる取り組みを進めている。
- ●児童館職員が入っている校区チームでは、ケアマネジャー、地域住民が一緒に子どもの貧困や生活困窮者世帯への対応について話し合う場を設けることができた。
- ●地域住民からもち込まれた相談を受けて、地域住民の協力を得て、本人との関係性をつくり、制度外の支援を開始している。

2）エリアチーム制の実践内容

　2014（平成26）年度、エリアチーム制を進める中、各校区チームに寄せられた相談は「個別支援相談シート」へ記録し、情報共有を行った。（図表28 相談シート参照）

　相談内容は複雑多岐な内容となり、継続して支援するケースが増えてきた。特に、生活困窮など生活の立て直しを緊急で対応しなければならないケース

が多く、専門職間の連携が今まで以上に必要となり、地域住民の連携はもちろん校区チーム全体で制度外の対応を行ってきた。

これまでの校区チームの活動を集約すると、以下の4つに分類することができる。

①地域住民による見守りと定期的な情報共有（地域ささえあい会議）

②地域住民と専門職による同行訪問による実態把握

③地域住民と専門職による制度外対応

④専門職による緊急対応（地域住民による早期発見）

エリアチームの実践からもわかるように、地域には生活課題がまだまだ潜在化しており、地域との協働による早期発見・早期対応のできる体制をこれからも引き続き構築していくことが必要である。

図表28　校区チームで共有し、利用している相談シート

相談年月日	平成　　　年　　　月　　　日	
氏　名		
把握ルート （相談者）	1. 本人　2. 家族　3. 民生委員　4. ケアマネ　5. 権利擁護センター　6. 地域住民　7. 包括 8. 社協（地区センター等）　9. 介護保険事業者　10. 医療機関　11. 行政機関（警察、消防、保健所） 12. 生活支援課・せいかつ応援センター　13. その他（見守り事業所等）	
相談手段	1. 通信（電話、メール、FAX等）　2. 来所　3. 訪問（出張相談含む）	
年　代	1. 10〜20歳　2. 21〜40歳　3. 41〜60歳　4. 61〜70歳　5. 71〜75歳 6. 76〜80歳　7. 81〜85歳　8. 86〜90歳	
相談内容	介護保険	1. 介護保険等の制度相談　2. 介護保険等のサービス相談　3. 介護技術・方法等の相談
	認知症	1. 初期認知症相談　2. 物盗られ・被害妄想　3. 徘徊　4. 暴言・暴力 5. 認知症医療機関制度　6. 支援・介入拒否 7. 若年性認知症（発症時期が65歳以前）　8. その他認知症に関する相談
	住まい	1. ゴミ屋敷　2. 住まい相談（自宅・改修改造等）
	生活支援	1. 地域社会資源相談（NPO・サロン・ボラ等）　2. 安否確認・見守り 3. 近隣トラブル等　4. 社会参加・就労
	権利擁護	1. 成年後見　2. 福祉サービス利用援助事業　3. 消費者被害　4. 虐待 5. せいかつ応援センター
	多問題家族支援	1. 経済的　2. ひきこもり　3. 就労
	生活困窮・経済的相談	1. 経済的　2. ひきこもり　3. 就労　4. 家計　5. せいかつ応援センター
	子ども	1. 生活困窮　2. 不登校　3. 虐待疑い
	障　害	1. 身体　2. 知的　3. 精神　4. 発達　5. その他
	その他	
対　応	緊急対応	1. 民生委員　2. ケアマネ　3. 権利擁護センター　4. 地域住民　5. 社協（地区センター等） 6. 介護保険事業者　7. 医療機関　8. 行政機関（警察、消防、保健所等）　9. デイ・ヘルパー・訪看 10. 生活支援課・せいかつ応援センター　11. 障害支援事業所　12. その他
	見守り・安否確認	1. 民生委員　2. ケアマネ　3. 権利擁護センター　4. 地域住民　5. 社協（地区センター等） 6. 介護保険事業者　7. 医療機関　8. 行政機関（警察、消防、保健所等）　9. デイ・ヘルパー・訪看 10. 生活支援課・せいかつ応援センター　11. 障害支援事業所　12. その他
	生活支援	1. 民生委員　2. ケアマネ　3. 権利擁護センター　4. 地域住民　5. 社協（地区センター等） 6. 介護保険事業者　7. 医療機関　8. 行政機関（警察、消防、保健所等）　9. デイ・ヘルパー・訪看 10. 生活支援課・せいかつ応援センター　11. 障害支援事業所　12. その他
	その他	1. 民生委員　2. ケアマネ　3. 権利擁護センター　4. 地域住民　5. 社協（地区センター等） 6. 介護保険事業者　7. 医療機関　8. 行政機関（警察、消防、保健所等）　9. デイ・ヘルパー・訪看 10. 生活支援課・せいかつ応援センター　11. 障害支援事業所　12. その他
特記事項		

3）エリアチーム制による実践事例

エリアチーム制の導入によって、日常業務では地域住民と向き合う機会の少ない専門職が多職種のチームをつくり住民との連携を強化することで、早期発見・早期対応や福祉制度の枠を超えた地域生活支援ができるようになっている。住民の生活者としての目線とそれぞれの専門性という得意分野を生かし協働することで、地域に根ざした生活支援の可能性が広がっている。

以下に、これまででは対応できなかったであろうケースに対応した事例を紹介する。

事例1　地域住民と専門職の雑談が命を救う！

（ケース概要）

一人暮らしの 80 歳男性 A さん。近所との付き合いはないが、犬を飼ってかわいがっていた。地域住民と校区チームの間で、以前から A さんが季節感のない服装をしていることなどが話題になっていた。

校区チームメンバーであるケアマネージャーが、ある日サロンに参加した際に、地域住民から急激に痩せたという犬の話を耳にした。そして、その場でその犬の飼い主が以前から話題となっていた A さんであるとわかり、すぐに皆で自宅へ駆けつけると、食事が摂れず、衰弱した状態の A さんと犬を発見した。直ちに対応し、A さんは一命をとりとめた。

（校区チームによる対応）

担当する地域を設定することで地域住民と校区チームメンバーの関係性が密になり、定期的に地域住民と校区チームのメンバーが近所で気になる方を支えていくために話し合いの場を設けていた。（例：サロンへの訪問、地域担当の設定、地域ささえあい会議）このため、緊急対応等の相談がしやすい関係となっていた。

事例2　地域住民に助けられ、地域で活躍！

（ケース概要）

一人暮らしの 50 歳男性 B さん。幼少期からこの地域で育ち、両親を通じ

て近所と付き合っていたが、両親が亡くなってからは、ひきこもりがちになり、ご近所とは疎遠になっていた。しかし、日頃からBさんの様子を気にかけていたご近所から、Bさんが生活困窮状態となっており、何らかの支援をして欲しいと校区チームメンバーであるヘルパーへ連絡が入る。

近所の方、民生委員、自治会長と校区チームで今後の生活支援について話し合い、自宅の片付けの支援と定期的な見守りを行うこととなった。

これらの支援によりBさんの生活リズムは安定してきたが、自宅で過ごすことが多かった。自治会長はそのことを心配し、自治会主催の地域食堂へBさんを誘った。徐々にBさんは地域食堂に参加するようになった。

校区チームメンバーからの助言もあり、Bさんは地域食堂のチラシづくりや会場を設営するようになり、今では、自治会長のサポート役として活躍している。

（校区チームによる対応）

介護保険事業の専門職が制度の対象とならないBさんへ制度外の支援活動を地域住民とともに行った。

地域住民と日頃から情報共有することで、福祉制度にはない地域の福祉活動を把握し、それが本人の役割づくりにつながっていった。

生活支援を受ける人という見方だけでなく、地域で生活する上で、本人の役割を見つけ、いきがいを見出す寄り添い支援ができるようになった。

（3）他法人の多職種間連携による地域福祉実践

エリアチーム制を発足した当初からの問題意識であり、現時点の最大の課題が他法人との連携である。市社協だけで多職種間連携チームを組むことができる地区は少なく、他法人と多職種間の連携を進めなければならない地区が大半である。また、現在の校区チームの動きとしては、小学校区より小さな自治会区域での活動場面が少しずつだが増えており、現在の校区チームだけでなく他機関・他事業所の専門職とのネットワークづくりが必要となっている。

エリアチーム制の導入前から、地区担当ワーカーは他法人の地域包括支援センターと定期的に会議を設け、必要に応じて地域包括支援センター職員と一緒に地域福祉活動の場へ出向いてきた。地域包括支援センター以外の他法人の専門職との連携は、たとえば、地域住民が企画するプログラムへの高齢者の送迎、ふれあいサロンや災害時避難訓練などにおける会場提供、介護体験学習の講師派遣、あるいは、社協が企画・実施する学校の福祉教育や認知症についての学習会、当事者との交流会への協力があげられる。しかし、こうした連携も地区ごとにばらつきがあり、また協働して地域生活を支援するチームづくりまでには至っていない。

　一方、地域住民と社会福祉法人が小学校区における地域福祉活動の年間計画を作成したり、地域ささえあい会議に他法人のケアマネジャーが参加したりする地域も出てきている。社会福祉法人の地域公益活動が追い風となり、地域と福祉施設との合同行事に取り組むところも少しずつ増えてきた。こうした機会をとらえて連携・協働を働きかけることが今後の課題である。

　この際に鍵となるのが、地区担当ワーカーの動きである。他法人のケアマネジャーからは、自治会、民生児童委員、ボランティアグループなどと話し合う際に地区担当ワーカーが場の調整をすることで、その後の話し合いがスムーズになったという声が上がっている。地区担当ワーカーの地域情報の把握力や調整力が求められている。

　また、専門職が地域福祉の価値を理解することも連携・協働には欠かせない。他法人の専門職向けに地域福祉を学ぶ研修の機会を設けるなど、地域福祉への理解を深める働きかけが地区担当ワーカーの大きな課題となっている。

　こうした実践を通じて、住民間の支え合い、専門職間の支え合い、さらには地域住民と専門職間の支え合いの基盤が形成されれば、一人でも多くの住民が住み慣れた地域で安心して暮らし続けることを実現できる。

日常生活圏域での場づくりと複合プログラム
～住民と社協ワーカーの気づきと活動の積み重ねが生み出す地域福祉推進プログラム～

全国社会福祉協議会

石井信祥

　宝塚市では、本書の各章で述べられているとおり、地域の状況に応じてさまざまな地域福祉活動への取り組みを進め、そこで生まれた気づきや新たな課題を次の取り組みへとつなげてきた。多くの人びとが多年に渡り、こうした取り組みを続け、受け継いできたことが、今日の豊富な地域福祉活動を創り上げている。

　また、地域福祉の圏域が地域福祉推進により適したものになるよう、さまざまな地域福祉活動への取り組みを通じ、福祉課題への気づき、住民同士や専門職との相互理解や協働の関係づくり、福祉活動への取り組みやすさなどの面から圏域に関する考え方を整理し、目的・課題に応じた圏域の設定を進めてきた。

　こうしたことの積み重ねの中から、第4次地域福祉推進計画（2006年～2010年）の期間には、地域での複数の活動が相乗的に展開する「複合プログラム」としての日常生活圏域（小学校圏域）の場づくりへの取り組みが生まれた。

　第4次地域福祉推進計画は、それまでの地域福祉活動と市社協による支援の経過と課題をふまえ、日常生活圏域に焦点を当てた住民主体の地域福祉の推進を目標に掲げた。

<「第4次地域福祉推進計画」より抜粋>

○別々に存在している社会資源を日常生活圏域で統合したり、つないだりすることで、支援を必要とする人びとへのトータルの支援をめざす。

○日常生活圏域に焦点を当て、ニーズに合わせたフォーマル・インフォーマル両方のサービスや活動を総合的に提供するシステムを、市民が主体となってさまざまな社会資源と協働でつくっていく。

　その具体化の方法として、日常生活圏域において、住民活動の場「地域福祉活動拠点」、話し合いの場「校区ネットワーク会議」、地域ケアの場「小規模多機能ケア拠点*」の3つの"場"づくりと、「福祉総合相談窓口」の開設に一体的に（複合プログラムとして）取り組むこととした。

※小規模多機能ケア拠点は、介護保険サービスの小規模多機能型居宅介護事業所ではなく、地域住民にとってより近づきやすく、運営にも関わりやすい、民家型デイサービスを地域ケアの拠点として位置づけた。

複合プログラムとしての場づくり

　宝塚市社協は、住民による複合プログラム推進の実践仮説として以下の4点を掲げ、地区担当ワーカーを中心にその支援に取り組んだ。

<複合プログラム推進の実践仮説>

①まちづくり協議会を中心に、住民が場づくりの主体となり、主導的に取り組みを進めることを基本とする。市社協はその支援に取り組む。

②場づくりの支援は、住民の日常生活圏域ごと（まちづくり協議会単位）に行う。

③各まちづくり協議会における3つの場づくりが、それぞれ一体的に取り組まれるように支援するうえで、福祉総合相談窓口が有効に作用する。

④各まちづくり協議会圏域の地域性、福祉活動の実施状況、地域福祉活動者の多寡、関係機関の活動状況に応じて、地区担当ワーカーは支援の方法を組み替える。

　これらの実践仮説は以下の活動となり、その後の地区担当ワーカーの支援のノウハウとなった。

複合プログラムの展開例

①A校区（Aまちづくり協議会の圏域）

　A校区では活動拠点を使い、まちづくり協議会と社協在宅福祉部門等の専門職の協働の取り組みとして相談窓口を開設した。相談窓口に取り組むなかで、「集いの場には相談がある」と住民が発想し、相談窓口実施日に合わせた食事会を開催するようになった。また、相談窓口の取り組みを通じ、まちづくり協議会福祉部において地域の福祉課題の発見・共有化や見守り・支え合いの意識が高まり、ネットワーク会議の活性化につながり、話し合いから認知症啓発講座や見守り活動づくりに新たに取り組むこととなった。

　A校区にはケア拠点（NPO法人の宅老所・民家型デイサービス）が設定されており、そのケア拠点が専門性を活かしてまちづくり協議会の活動に協力し、住民の福祉活動や気づきの共有化を支援している。住民が道に迷っている認知症高齢者に気づき、ケア拠点に連れて行って安全を確保したり、民生児童委員が認知症高齢者の支援の相談にケア拠点を訪れたりするなど、住民とケア拠点の協働も進んでいる。

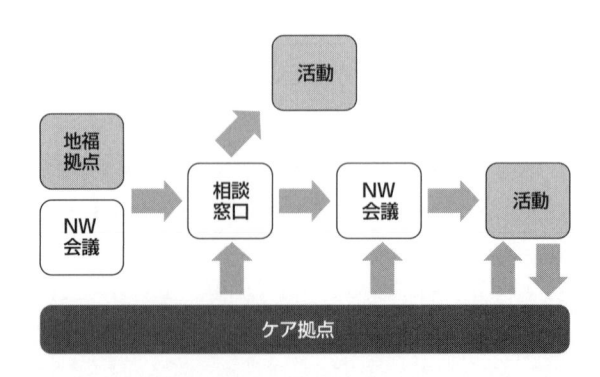

このように、具体的な活動への取り組みを通じて相互理解を深めることにより、一人の人の生活支援や地域福祉活動における協働関係が強化された。また、地域ケアの場、住民活動の場、話し合いの場が連動し、それぞれの機能が重なり合うことで、住民だけでは対応が難しい課題にも取り組みやすくなった。

②B校区（B校区内のC自治会の圏域）

B校区のケア拠点は、市社協が開設し運営する民家型デイサービス事業所である。地域に根づく施設となるよう、開設前から住民による運営委員会の組織化を働きかけ、C自治会や老人会、民生児童委員、ボランティア活動者、利用者家族などによる運営委員会を設置するなど、住民主体の運営を基本としている。ケア拠点では、運営委員会によるふれあい・いきいきサロンの開催、近隣住民による相互保育（預かりあい保育）など、利用者を含む住民同士の交流や支え合いの活動が生まれ、継続している。また、C自治会内の住民とケア拠点の職員が協力して要援助者の日常生活支援に取り組むなど、地域ケアに取り組んでいる。住民との協働のもとで運営することで、ケアの場でありつつ、住民活動の場、話し合いの場（運営委員会）ともなっている。このケア拠点が、地域ケアを構想し、その実現に取り組む場となっている。

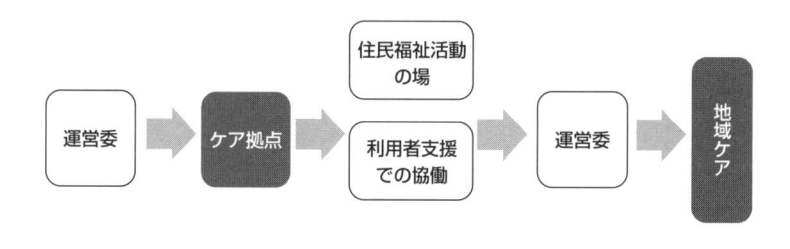

以上のような複合プログラム支援が動き出してからは、各校区の活動の多様性がさらに増し、より豊かな住民活動が展開し出したといえる。また、校区を中心としたこれらの活動の経験は、自治会や集合住宅等のより身近な地域での見守りや支え合いや、市全体での福祉課題の共有や解決の場づくりなど、さらなる地域ケアの充実をめざした展開へとつながっている。

市民主体の福祉のまちづくりを支援する
社会福祉協議会への期待

桃山学院大学　社会学部社会福祉学科　非常勤講師
佐瀬美惠子

　宝塚市では「ふれあい・いきいきサロン」活動をはじめとして、豊かな市民主体の活動が展開されている。しかし、新たに起きる福祉ニーズや顕在化する課題に対応するために福祉のまちづくり活動に終わりはない。まちづくりのための新たな目標の設定や活動手法などについて市民とともに繰り返し模索していく必要がある。そこで、市民主体の活動を支援する社協・社協職員への期待を改めて述べておく。

1）市民を信頼し市民と協働する社協に

　宝塚市社協のホームページに、社協の基本方針は「多様化する福祉ニーズや少子高齢社会に生まれる新たな福祉課題に行政や関係機関と連携し、『ともに生き、積極的に支えあい、活力ある福祉のまちづくり』の実現をめざし地域の福祉向上と増進に努める」と示されている。活動の基盤として市民との協働・連携が必須である。

　市民を信頼し市民の力に期待する社協、市民と協働する社協活動に期待する。市民を『活用』するのではなく操作対象にするのでもない、市民と地域にある課題を共有し、ともに解決策を考える社協活動に期待する。

2）新たな連携者・連携機関を模索する社協に

　市民の多様化する福祉ニーズに対応するために、これまで連携してきた団体や関係機関だけでなく、新たな市民との関係づくりをさらに模索することが必要である。すでに、孤立死の予防や一人暮らし高齢者の見守り者として、新聞配達事業者やコンビニエンスストアなどの事業者も、市民として支援者

として安全で安心なまちづくりの一役を担い始めている地域もある。今後も学校関係者や企業関係者やNPOなどの市民活動者に具体的な活動の提案を行い、連携と協働することによって、まちづくりに厚みができる。

　また、今まで地域活動やまちづくりについて考える機会の少なかった人々やリタイヤ世代へ、地域の課題や福祉ニーズをていねいに伝えていく必要がある。人々の理解が進むと担い手として大きな力になる。さらに、支援が必要と思われがちな障がい者や要介護者、家族とまちづくりの担い手として連携協働することを期待したい。当事者のニーズの発信者として、新たな仕組みづくりの担い手として連携協働することが期待できる。

3）支援が必要なときに提案者として "見える" 社協に

　市民が生活のしづらさを抱えたときの相談場所として社協が見えて（存在）しているか、若干の不安がある。支援の必要な人を早期に発見し、早期に対応を考え、セーフティネットとして社協が機能するためには、今まで社協にかかわってこなかった人たちに、社協を知ってもらいどのように活用してもらうかが課題である。社協は黒子のような存在と形容されることもあるが、支援の必要な人や支援の必要なときに、社協が "見える" ことがたいせつである。

　そのためには普段から、社協活動の見せ方を工夫する必要がある。広報紙やインターネットなどの媒体だけでなく多様な見せ方を準備するとよい。見せ方の一つとして、宝塚市社協の場合は全地域をカバーする地区センターやサービス部門を活用することができる。特に高齢者や障害者への各種のサービス部門の活動は具体的で見えやすい。それらの拠点を相談場所や情報などの交流・提供拠点として見える社協づくりに活かすことを期待したい。

　市民に社協の役割と機能を見せる（伝える）ことは、困難な生活状態に陥ることを未然に防ぐことや、早期発見・早期支援につながる。

4）福祉のまちづくりにおける社協職員への期待

　福祉のまちづくりに関わるのは社協地区担当ワーカー（コミュニティワーカー）だけではない。ボランティアセンターやサービス部門の担当者、障害

者などの当事者を支援する社協職員は各自の職務の中で支援の必要な人や福祉ニーズをもつ人と出会う。一人の支援課題からまちづくりの課題が見えてくる。社協職員の一人ひとりの気づき（当事者への共感性）と社協職員間の連携により、住民主体のまちづくりが加速される。

　社協職員の当事者との出会いから始まる社協職員間の連携によるまちづくりを、次のように考えることができる。

　当事者の暮らしにくさや生活への思いへの寄り添い気づき（共感性）➡地区担当ワーカーとの連携・協働により個別課題から地域課題として認識・明確化➡地区担当ワーカーによる市民（地域関係者）へ地域課題について説明し解決への取り組みへ➡課題解決についての先進事例等から学び地域関係者へ提案➡地域に即した課題解決の方法について共に考え計画する。

　市民や関係機関との連携を基盤に社協の部署間連携・職員連携に期待する。その成果は豊かなまちづくりにつながる。

住民と専門職でつくる地域共同ケア
―「ふれあい鹿塩の家」から紐解く―

宝塚市社協は、地域の共同性を基盤にしたケア（＝地域共同ケア）を展開している。

これは、生活全体をみるケアを通じて、要介護高齢者がサービスの対象者ではなく、生活の主体者として暮らすことを支援するとともに、それらのケアを住民と協働で進めることで、地域のケア力を高める地域福祉実践である。

本章では、宝塚市仁川地区の民家型デイサービス「ふれあい鹿塩の家」の実践から、地域共同ケアの実際と実践を支える基盤を紐解く。

1節●「ふれあい鹿塩の家」とは

「ふれあい鹿塩の家」（以下、鹿塩の家）は、2005（平成17）年から市社協が鹿塩地域の民家を借りて運営している小規模多機能ケアの拠点である。

住み慣れた地域の中で、身近ななじみの関係を継続しながら、生活の一部としてケアを受けることができる場をめざす鹿塩の家は、一人ひとりの生活の流れを途切れさせない連続的なケアがその特徴である。

鹿塩の家のもう一つの特徴は、住民と福祉専門職が協働して地域のケア拠点を運営してきたことにある。運営内容は、地域住民からなる運営委員会によって検討され、地域での暮らしに必要な多種多様な活動を展開している。

具体的には、地域住民の居場所として「立ち寄り・地域の縁側事業」や「ひまわりサロン」、子育て中のママ同士が助け合う相互保育「バンビハウス」や制度外の生活支援活動を実施する「助け合いの会」を立ち上げてきた（図表29・30参照）。

鹿塩地域
■人口：3,249人
■高齢化率：22.6%
2017.11現在
戦前から続く農家が多く、地域のつながりは強い。他地域より移り住んできた若い世代も多いため、福祉活動人材確保の可能性も高い。一方で、高齢者の一人暮らしも増加。近隣の支援が必要な人も増加しており、世代間のつながりをどうつくるのか課題となっている。

図表29　鹿塩の家の活動の展開

2005年	地域の空家を借りる。地域住民中心の「運営委員会」が立ち上がる（7月）
	通所介護（デイサービス）事業所として開設（8月）
	ひまわりサロン開始（運営委員会主催）（9月）
	相互保育「バンビハウス」開始（12月）
2006年	ニッセイ財団助成事業　小規模多機能ケア拠点として設定（3月）
	宝塚市民家型デイサービス連絡会設立・参加（4月）
	認知症を理解する勉強会を開催（参加者30人）（10月）
	介護保険制度の訪問介護（ホームヘルプサービス）を開始（10月～2007年度末まで実施）
	介護保険制度外のお泊まりサービス開始（緊急対応）（12月）
2007年	コンサート開催（地域住民の提案により実施）（3月）
	野点（地域住民の提案により実施）開始（4月）
	地域の子育てサークル「おもちゃ箱」に活動場所を提供
2009年	独居高齢者を対象にお正月を祝う会開始（元旦）
	男性介護者の会が鹿塩の家を拠点に活動開始（4月）
	高齢者助け合いの会活動開始（のちに対象者を高齢者と限定せず、助け合いの会となる）
2012年	鹿塩の家の隣家を借り「ひまわりの家」開所、バンビハウスやサロン活動の場を拡大（10月）

図表30 鹿塩の家の関連事業

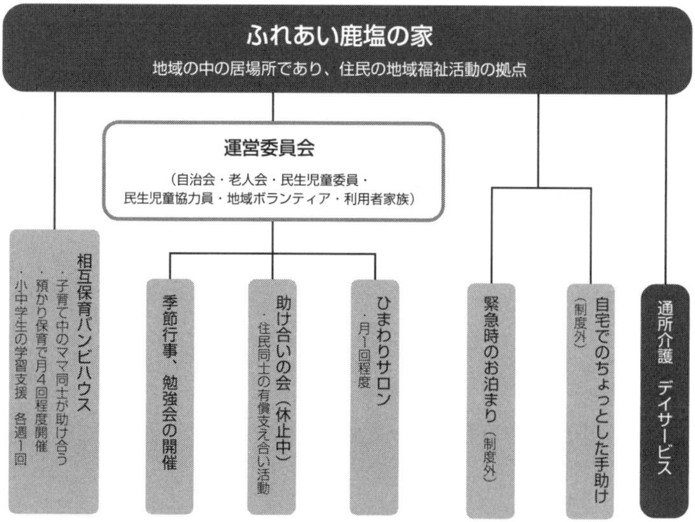

ふれあい鹿塩の家
地域の中の居場所であり、住民の地域福祉活動の拠点

運営委員会
（自治会・老人会・民生児童委員・
民生児童協力員・地域ボランティア・利用者家族）

相互保育バンビハウス
・子育て中のママ同士が助け合う
・預かり保育で月4回程度開催
・小中学生の学習支援　各週1回

季節行事、勉強会の開催

助け合いの会（休止中）
・住民同士の有償支え合い活動

ひまわりサロン
・月1回程度

緊急時のお泊まり（制度外）

自宅でのちょっとした手助け（制度外）

通所介護　デイサービス

2節●生活全体をみるケア

（1）鹿塩の家での光景

　鹿塩の家は、地域住民の居場所、地域福祉活動の拠点であり、介護保険の通所介護事業所でもある。通所介護の定員は13人、1日平均利用人数は9人程度である。スタッフの車で来る利用者、徒歩や車いすでスタッフや家族と一緒に来る利用者、自分の好きな時間に一人でやって来る利用者など、個々のニーズに合わせて利用できるのが特徴である。1日の過ごし方も自由で、スタッフと昼食をつくる人もいれば、ボランティアと囲碁を楽しむ人、庭に遊びに来る猫をかわいがる人、洗濯物をたたむ人、入浴を楽しむ人などさまざまだ。

　利用者からボランティアになる人もいる。要支援2から非該当となったため、介護保険での利用ができなくなった人を利用者としてではなくボランティアとして受け入れることで、本人の生きがいと介護予防につながっている。

（2）生活の流れを断ち切らないケア

　鹿塩の家では、日中の時間だけではなく、鹿塩の家から自宅に帰った後の利用者のケアを担うこともある。これは、その人の1日の生活の流れを視野に入れ、安定した生活が送れるようにサービスとサービスの切れ目をつくらない支援を行うことを重視しているからである。

　たとえば、デイサービスに出かける前の整容や朝食の準備、冷蔵庫の中身の確認など20分足らずの時間が、本人にとっての1日の快適さと安心、その日の夕食から翌日の朝食までの食材購入の必要性の判断につながっている。このように、日中の様子を含めて非定型の生活を連続的にみる視点で支援を行っている。サービスの切れ目をつくらない支援を通所介護のスタッフが行うことで、利用者は顔なじみの関係の中で安心を得ることができ、継続したケアを受けることができる。

　こうした連続性のあるケアの実現は、近隣住民のかかわりがあって成り立っている。一人暮らしの認知症の人の暮らしを支える次の事例がその典型的な取り組みである。

ひなまつり食事会

**近隣の見守りとちょっとした手助けで
認知症の一人暮らしの人を支える**

　Ｙさんは、宝塚市鹿塩地域で一人暮らしを始めて18年になる。阪神・淡路大震災の被災を機に、次女の暮らす鹿塩地域に移り住んだ。ご近所づき合いも多く、老人会など地域の活動へも積極的に参加していた。そんなＹさんが認知症を発症した。

　いち早く変化に気づいたのは近隣住民だった。Ｙさんに出会っても挨拶もしなくなった。ゴミの分別ができなくなり、収集日もわからない様子。行き慣れていたスーパーやかかりつけの病院であるにもかかわらず、出かけると自宅への帰り道がわからなくなってしまっていた。そんな様子に近隣の住人が気づいたことが始まりだった。

　2003（平成15）年、Ｙさんの食事を心配した同じ地域に暮らす次女が、ケアマネジャーに相談。要介護１と認定され、通院介助と家事援助で訪問介護を利用するようになる。しかし、見知らぬ人が家に入ってくることに不安を感じ、また、本人がヘルパーの必要性を感じていなかったため、ヘルパーを帰してしまうようになり、まもなく利用中止となる。

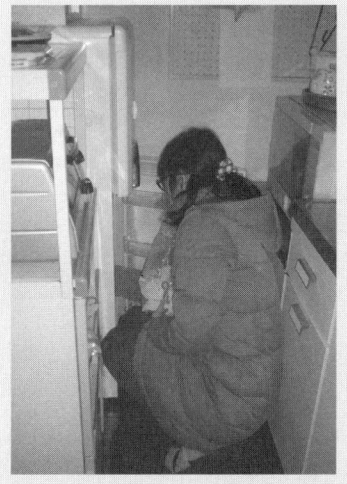

朝のお迎えのとき、冷蔵庫の中を確認

水曜日の午前中はＹさん宅前にコープこうべの共同購入の品が届く日。集まった近隣住民にスタッフが加わり井戸端会議に

帰り道では、買い物を
一緒にすることも

2006（平成18）年、鹿塩の家でのデイサービス（通所介護）利用が始まる。デイサービスは週3回だが、ほかの曜日に鹿塩の家で過ごすこともある。これは、「立ち寄り利用」と呼ばれ、誰でも来たいときに来て自由に過ごすことができる仕組みだ。このように日中を支えるほかに、送迎時にスタッフが家の中まで上がって、身支度を整えたり、食事の支度などのちょっとした手助けを行うこともしている。こうしたきめ細かな支えがあってYさんの在宅での一人暮らしは続いている。また、近隣住民とも立ち話などを通してYさんの様子を伝えることで、自然な見守りの輪が生まれるようになっていった。

　介護保険サービス（デイサービス）に立ち寄り利用を加えて毎日の居場所を提供し、自宅でのちょっとした手助け（制度外のホームヘルプサービス）をして、見守りをする近隣住民とともにYさんの生活を支えている。

Yさんの1週間の支え方

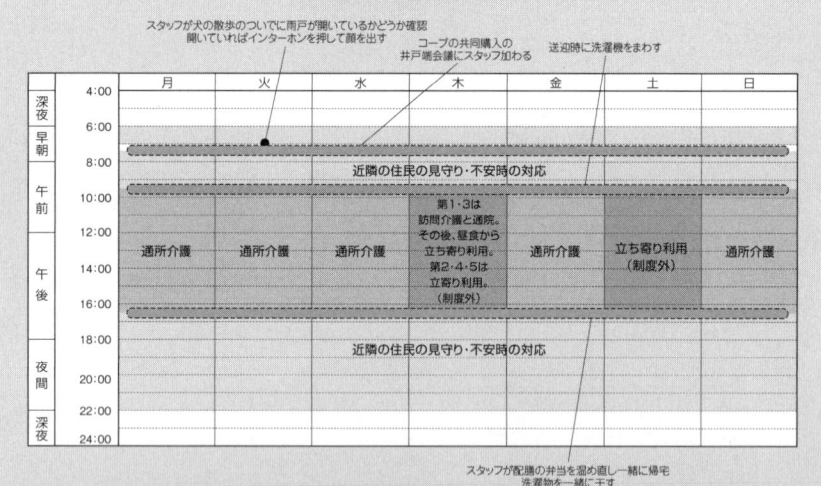

□ 介護保険サービス ：通所介護（鹿塩の家）
　　※1日の利用時間を短く設定し、利用日を1日増やす。通院介護（民間事業所）※月2回の定期通院時に利用
■ 介護保険外サービス：通所介護の時間をオーバーして利用した場合は、鹿塩の家の介護保険サービス外の「立ち寄り」を利用。
　　送迎時にちょっとした手助け。配食サービス
□ 地域住民 ：見守り・不安時の対応

（3）連続性のあるケアを支える２つの工夫

　鹿塩の家での連続性のあるケアは、設立当初からの明確な理念・方針とそれに基づくスタッフのかかわり、また近隣地域への働きかけがあってこそ成立する。それらを促進するための鹿塩の家の特徴的な取り組みとして、次の２点があげられる。

１）半径２キロ圏域の設定

　鹿塩の家では、原則として半径２キロ以内の利用者を受け入れている。きめ細かな対応を可能にしている理由の一つがこのサービス圏域の設定である。開設当初は、中学校区エリアから利用者を受け入れていたが、送迎に時間がかかるなど十分な支援ができなかったことがあり、もっと身近な所で地域生活を支えられるようにと２キロ圏域にこだわったという経緯がある。実質は１キロ圏域内に住む利用者が７割で、主に半径500メートル圏域で活動している。そのことにより次のような効果が生まれている。

> **■高齢者の意思を尊重するきめの細かい支援**
>
> 　利用者が鹿塩の家に歩いて通うことへの付き添い、見守り支援など、送迎時の個別対応が気軽にできる。そのことにより、「好きな時間に行って帰ってくる」という本人の意思の尊重や送迎時に家の冷暖房をチェックするなど、自宅でのちょっとした支援を可能にしている。
>
> **■地域とともに見守る**
>
> 　近隣の高齢者が利用者として鹿塩の家に通い鹿塩の家で過ごす姿に、地域住民が身近にふれることによって、鹿塩の家への理解や認知症への理解が広がっている。そして近隣住民が自分たちの将来像として、サービスを利用する意味や認知症の人を受け入れる地域づくりへの意識が高まってきた。それによって、日常的な見守りやサロン、助け合いの会、相互保育などの住民主体の活動が鹿塩の家を拠点に広がり、さらなる住民による生活支援の輪が広がっている。

2）"立ち寄り利用"として地域に開放

鹿塩の家では、"立ち寄り利用"ができるよう地域に開放している。立ち寄り利用とは、誰でも来たいときに来て鹿塩の家で過ごすことができる利用形態である。こうした利用形態によって、要介護状態になる前から鹿塩の家がその人にとっての居場所となり、暮らしの延長上でのケアの実現につながっている。

たとえば、閉じこもり気味の人が、民生児童委員や近隣住民と一緒に立ち寄ったり、一人暮らしの人が昼食を食べに来たり、デイサービス利用者が利用日以外でも自由に立ち寄って過ごすこともできる。

鹿塩の家は、地域包括支援センターや居宅介護支援事業所からの紹介だけでなく、半数は、民生児童委員や近隣住民が、地域の"気になる人"を鹿塩の家に連れて来て立ち寄り利用をしてからサービス利用につながっている。このように鹿塩の家は、地域の居場所であるとともに、日頃の相談や安否確認の場にもなっている。

COLUMN　鹿塩の家スタッフの配置・育成

職員は総数9人で、1日の提供時間帯に常時4〜5人を配置している。常に1人の余裕人員を配置することで、通所時間の急な変更や制度外利用に対応している。また、職員数人を鹿塩の家のある地域内から雇用するようにしている。地域とのつながりがある職員を配置することで、ニーズ把握やその後の支援に入りやすくなる。さらに、利用者の前回の通所日に勤務していたスタッフが、必ず重なるようにシフトを組むなど、かかわりが途切れないように工夫している。

当初、他のデイサービスを経験してきたスタッフは、決められたプログラムのないケアに慣れず、ついつい職員が利用者の過ごし方を型にはめがちになっていた。鹿塩の家の開設時の所長は、「鹿塩の家に"正解"はありません。生活は非定型の連続ですから、定型化されないかかわりをたいせつにするよう職員には伝えています」と語っていた。

3節●住民との協働でつくるケア

（1）住民と専門職が協働する運営委員会

　鹿塩の家には、地域住民で構成される運営委員会がある。鹿塩の家スタッフ、地区担当ワーカー（コミュニティワーカー）も交えて行われる運営委員会の話し合いでは、「私たちの施設」「地域のための施設」という意識で、事業のあり方や運営を考えてきた。メンバー、運営方法は、図表31のとおりである。

　当初は、行事の企画や地域への広報などが主な議題だったが、時間の経過とともに地域の状況や課題、利用者の状況やかかわり方、サービス内容の検討、自宅での生活支援の検討、近隣で"気になる人"についての意見も出始め、内容の広がりとともに協議時間は次第に長くなっていった。この話し合いは、メンバー自身が感じたこと、思いついたことを自由に出し合う雑談に近いものであるが、住民と専門職が話し合いを通じて協働するたいせつな場になっている。

運営委員会の風景

図表31 鹿塩の家運営委員会の概要

◇構成メンバー	自治会、老人会、民生児童委員、民生協力員*、利用者家族、ボランティア、鹿塩の家（部屋利用）団体、鹿塩の家職員、地区担当ワーカー等
◇運営方法	月1回（第1木曜日）10：00〜12：00開催 司会は運営委員長（現在の運営委員長は自治会長） ※当日の議事録、前回の議事の確認、議事に必要な資料の作成は、地区担当ワーカーが行う。
◇協議内容	・行事等の企画、振り返り ・利用者の様子、地域で"気になる人"への対応の報告等

※民生協力員（民生児童委員の活動をサポートするための協力員。1委員あたり2人の協力員が配置される兵庫県独自の仕組み）

事例　運営委員会の話し合いから、助け合い活動へ

　助け合い活動は、運営委員会で報告された事例がきっかけとなっている。
　介護保険を利用していない人に対し、鹿塩の家の職員と運営委員ボランティアが、ちょっとしたお手伝いを制度外で行ったことが運営委員会で報告された。その報告を受け、「目に留まる人はごく一部で、見えていない人でも支援が必要な人がいる」「漏れている人を何らかの方法で発見して、鹿塩の家などの専門職につなげていく仕組みが必要」「普段から知り合っておかないといざというときに助けられない」といった意見が出た。また、支援を行ったことに対して過分な謝礼を出されたこともきっかけとなり、利用料なども含めた有償活動について検討を重ね、現在の助け合いの会における有償助け合い活動の実施につながった。

鹿塩の家運営委員の声

　運営委員会という名称だが、経営や実績の話ではなく、雑談に近いと思います。でも、この雑談に近い話し合いの中から、夏祭り、サロン、歳末もちつきなど鹿塩の家を使った地域行事や、助け合い活動などが生まれました。

　鹿塩地域で気になる高齢者や、鹿塩の家が地域にとってどんな場所であってほしいか、また利用者の方への対応などでちょっと気づいたことや、他の運営委員の利用者へのかかわり、これからどんなサービスが必要なのかを話し合ったり、情報交換などもしています。

　鹿塩の家でいろんな方々にお会いして対応し、見聞きすることで、自分の身に置き換えて考えるようになったし、地域以外の方のことも知ることができ、徘徊時の捜索、近隣で会ったときの対応などにも役立っています。

　鹿塩の家は、地域住民にとって、地域内のさまざまな団体が集う「情報交換の場」でもあり、「活動の場」にもなっています。活動があるから、いろいろな特技・趣味をもった人も集まります。今年の夏祭りのすいか割りは、青果市場に勤めていたという住民が手配して立派なスイカを準備しました。また、その方が中心になって違う日に別の場所で野菜市を開催するなどの広がりが出ています。

　身近な場所に鹿塩の家があることで、気軽に立ち寄り、自分も張りのある生活を送ることができる。何より、身近な場所に専門職が365日いることと、活動できる場所があることが、安心感につながっています。ここでたくさんの地域住民と出会い、民生児童委員とか地域団体の会長といった肩書による責任だけでなく、こんなにたくさんの地域住民が一緒になって見守っている、支えているという「地域の力」を感じることができ、とても心強く思っています。地域と鹿塩の家がタイアップすることで、地域にとってもよい効果があるように思います。

（鹿塩の家運営委員会　原 市朗さん、傍島晴江さん）

（2）運営委員会を軸にした地域福祉拠点

　鹿塩の家は、運営委員会があることでさまざまな機能をもつ「場」となっており、それが鹿塩地域の福祉を推進している。ここでは6つの機能に整理し、紹介することとする。

1）情報交換の場づくり

　運営委員会は、正式な協議の場というよりも雑談に近い話し合いの場である。しかし、そのような機会はあるようでないのではないか。月1回の運営委員会で、自治会・老人会・民生児童委員・民生協力員・ボランティアが集まり、一度に情報交換ができることで、"気になる人"をみんなで見守る安心感が生まれている。また、団体間の調整も行われ、地域行事の際の連携などにつながっている。

2）住民の交流の機会づくり

　鹿塩地域は、以前は農業委員会や婦人会などの地縁が強く、三世代同居などの血縁でつながってきた。しかし、急激な市街化による人口の流入などにより、地域状況は以前と異なっている。このような状況にあって、鹿塩の家は新しい住民や活動者、ケアを必要とする人が集う場となっている。

もちつき大会

　運営委員会では、夏祭りやもちつき大会、防災訓練などを企画し、地域の交流を図っている。また自治会でも、自治会行事や一斉清掃などの際に鹿塩の家に立ち寄るコースを設定したり、自治会の会合を鹿塩の家で実施するなど、さまざまな住民が集う交流の拠点となっている。

3）住民活動の場（拠点）づくり

　情報交換や交流が生まれると、地域ニーズが明らかになり、そのニーズを解決するための具体的な活動の立ち上げ、活動の場所（拠点）を必要とする団体が見えてくる。ここでは鹿塩の家を使った住民活動を2つ紹介したい。

　1つは、地域の誰でも参加できる「ひまわりサロン」。このサロンは鹿塩の家開設時の「地域の方々にもっと気軽に鹿塩の家に来てほしい」「もっと鹿塩の家を知ってほしい」という運営委員会の意見で、見学者に冷たいお茶を出すことから始まったものである。その後の運営委員会で「運営委員にも何か役割があったほうが、鹿塩の家に来やすい」という意見から、定例化してサロンとなった。

　もう1つは、地域の子育て支援の場として母親同士が子どもを預かり合う「相互保育（バンビハウス）」活動である。鹿塩地域は古くからの住民とは別に、ここへ移り住んできた若い世代・世帯も多い地域である。そうした核家族世帯の中には、母親と子どもだけで過ごす時間が長いことで、育児ストレスを抱える母親も多い。そこで、母親たちがそれぞれ責任をもってお互いの子どもを預かる"預かりあい保育"が、地域に住む母親から提案された。この活動は、鹿塩の家開設当初から続いている。運営委員会では、地域のお母さんと子どもを支援することは将来の担い手を育てる支援という視点で、部屋の提供をしてきた。

　現在では、利用希望者が増えて週4回開設されている。子どもと鹿塩の家の高齢者との交流も生まれ、高齢者が子どもに絵本を読むといった光景もみられるようになってきた。

バンビハウス活動風景

バンビハウス　鹿塩の家で運動会

バンビハウスの部屋利用から、運営委員会は「もっと他の団体にも使ってもらえるように利用のルールを明確にしよう」と部屋利用の決まりをつくり、他の地域活動団体などにも貸出している。

4）人材発掘の場

　運営委員会で企画し実施する活動を通じて、地域内の特技をもった人が現れるようになった。青果市場に勤めていた住民が、夏祭りのスイカ割のためにスイカを調達してきたり、地元商店街とつながりのある人は、年末のもちつき大会に必要な臼杵を借りたり、和菓

手打ちうどん

子屋から丸めたあんこを届けてもらうなどといった役割を果たしている。鹿塩の家のクリスマス会には、地域の子どもや音楽家による演奏、お茶の先生が野点を企画するなど、特技や趣味、人脈をもった人の活動場所になることで、地域内の人材発掘の場にもなっている。

5）住民と専門職が協働する地域ケアの場

　運営委員をはじめ地域住民は、鹿塩の家の職員との協働による取り組みを通じて、認知症の高齢者の生活が次第に落ち着いていく様子を間近に感じてきた。その経験が、自分は地域の中でどう生きていきたいか、自分ならどう介護するのか、地域の中で豊かに生活することの意味や価値を考えるきっかけとなっていった。そして、鹿塩の家の職員（専門職）にどんなサポートを求めるのか、地域にとって鹿塩の家がどんな拠点になってほしいのか、運営委員会の中で話し合ってきた。このように、住民自身が主体的に考えるようになったきっかけとして、次の2点があげられる。

　1つめは、運営委員が定期的に鹿塩の家に立ち寄って、自治会や老人会の打ち合わせなどを行う際に、お茶を飲んだり、利用者と一緒に調理や片づけ

をしたり、お話して過ごしたりしてきたことが大きい。鹿塩の家は半径2キロ圏域にこだわってケアしているからこそ、以前から運営委員と顔見知りだった利用者もおり、そのことが運営委員自身のさまざまな気づきにもつながっている。

2つめは、地域で気になる人（世帯）の情報を、運営委員と鹿塩の家とで共有し、必要に応じて一緒に支援を行い、その結果を共有してきたことである。

6）地域と鹿塩の家をつなぐ機能

運営委員会は、地域組織と鹿塩の家をつなぐ機能を担っている。委員が地域の中で感じている福祉課題や必要な取り組みを出し合うことで、それが運営委員会での取り組みにつながり、さらに鹿塩の家が地域資源としての役割を担うことにつながっている。鹿塩の家に地域住民を引き入れるのではなく、鹿塩の家が、自治会の清掃や防災訓練などの地域住民の一員として役割を果たす機会にもなっている。

（3）主体的な運営委員会への工夫

鹿塩の家運営委員会は、住民が主体となった話し合いや活動を行っているが、そのために次のような工夫を行っている。

1）委員会発足のプロセスから住民と共有

運営委員会は、鹿塩の家を開設する前の段階から、住民と福祉専門職が手探りの状態で一緒につくり上げてきた。

2005（平成17）年7月、宝塚市社協から、地域の自治会、民生児童委員、民生協力員、老人会、ボランティアに呼びかけ鹿塩の家を育む会として、組織化した。オープン前から「宅老所って何？」をテーマにした勉強会や、「この家でどんなことをするか」「どんな名前なら、誰でも集える、入りやすい場所と感じるか」「気軽に立ち寄れる方法や、立ち寄った方への対応」について話し合ってきた（鹿塩の家を育む会は、開設後に鹿塩の家運営委員会に

名称変更)。

　当初から参加した運営委員会副委員長の傍島晴江さんは、「民家型デイサービスといっても、最初は漠然としてつかみどころがなかった。何をするところか、自分は何をしたらよいのかと思っていたが、『普通の主婦としての知恵を貸してください』と言われて参加した。立ち上げ当初は持ち寄りで食器を揃えたり、道具や家具の配置を一緒に考えたりしていた」と話す。このように、市社協が形づくった運営委員会へ住民に入ってもらうのではなく、運営委員会の立ち上げそのものから市社協と住民がプロセスを共有しつくり上げてきたことが、住民が主体となったその後の活動につながった。

２）地区担当ワーカーのかかわり

　地区担当ワーカーの最大の役割は、住民と福祉専門職が協働を生み出す場づくり支援、具体的には運営委員会の運営支援である。

　運営委員会が発足した当初の地区担当ワーカーが手がけたのは、鹿塩の家を社協主体ではなく住民主体の運営形態にするための土台づくりであった。「鹿塩の家は何をするところ？」という運営委員メンバーの疑問に対し、メンバー間の話し合いや勉強会を通して、地域住民の拠点であるという認識を少しずつ高めるとともに、鹿塩の家所長・管理者と連携して委員とともに開設準備を進めた。

　次に地区担当ワーカーは、運営委員会の運営そのものを住民で担うためのサポートを行った。具体的には、それまで担当していた会議の司会進行を地区担当ワーカーから運営委員長に委ね、PDCA サイクルに基づく会議運営に必要な資料や記録作成などを地区担当ワーカーが担った。こうした働きかけによって、運営委員が地域内のことで気になっていることを自由に話し合い、十分にメンバーの考え方や情報が共有される場づくりにつながっている。

4節●鹿塩の家の実践を支える基盤

　ここまで鹿塩の家における生活全体をみるケアと、それらのケアを住民と協働で進める実践を紹介してきたが、実践に至るまでには伏線となる取り組みが宝塚市社協で積み上げられてきた。本節では、鹿塩の家を生み出した基盤となる実践を取り上げる。

（1）365日型デイサービス実現とサテライトデイの実施

　市社協による地域共同ケアの推進は、鹿塩の家開設までの約10年間の取り組みが伏線となっている。開設からさかのぼること9年前の1996（平成8）年、市社協が立ち上げた「公的介護保険対応プロジェクトチーム」での議論が、その後の市社協の在宅福祉サービス事業と地域共同ケア推進の下地となった。この時期、市社協は、デイサービスやホームヘルプサービス事業を介護保険制度に乗せるかどうか、制度サービスとした場合に採算性をとる事業体制をどう組み立てるのかという判断を迫られていた。

　当時の市社協は市内2箇所でデイサービスを実施していたが、いずれも集団ケアが中心で個別ケアの質の向上にまで至らず、利用者の意識変化に職員が対応しきれていないことが最大の課題であった。加えて、正規職員の占める人件費比率が採算面での障壁になっていたため、サービスの質・量と事業経営体制の両面から、ありとあらゆる改革に取り組んだ。

　その一つ、地域での在宅生活を支える観点で早期に着手したのが、365日型デイサービスへの転換である。プロジェクトでの議論に基づき1998（平成10）年度から、市社協デイサービスは365日型に転換したが、この判断が住み慣れた地域で暮らし続けるための拠点を地域とともにつくるという現在の鹿塩の家の実践につながった。

　また、より身近な地域でデイサービスを実施しようと、巡回型サテライトデイにも着手した。しかし、これは介護保険制度での位置づけができてくな

り、ミニデイとして地域主体で取り組むことになった。これまで社協職員中心で実施していたサテライトデイを地域中心に切り替えたことは、地域住民と協働するケアの先行的な取り組みとなり、その後の民家型デイサービスの展開を可能にする素地となった。

（2）宅老所運動と行政の支援

　市社協の取り組みは、デイサービス事業の改革にとどまらなかった。サービス提供時間内だけでなく、利用者がそこに通所しない時間帯の支援や制度外対応、地域のケア力を高める支援をどのように進めるのかという点が、次に浮上した課題であった。そこで、「その人らしい生活を最後まで地域で」を掲げて各地に拡がっていた宅老所運動に着目し、先進地視察や市内の宅老所との連携・支援を通して構想を練った。

　宅老所とそれらを系譜とする鹿塩の家の展開には、行政支援も大きく作用している。1998（平成10）年にNPO法人によって市内に開設された民家型デイサービスめふのお家は、行政委託で事業を開始した。これに先駆け、高齢者問題に熱心に取り組む市民と施設職員や市社協職員、そして行政職員がグループホーム設立の研究会を立ち上げ議論してきたことが、めふのお家開設のきっかけである。めふのお家開設以降、立て続けに市内でボランタリー団体による宅老所が開設されたが、これは先見性のある当時の行政職員が宅老所立ち上げにかかわり、宅老所を委託事業としてスタートさせるという行政の柔軟な姿勢が影響している。

（3）市地域福祉推進計画での位置づけとプロジェクト化

　市社協は、宅老所をモデルに小規模で個別的なケアができる拠点を模索したが、一方で既存の宅老所の多くが、地域住民の主体的な参画による運営形態になっていないことに気づいた。このため、地域住民と福祉専門職の協働運営をコンセプトにした地域共同ケア拠点を構想し、鹿塩の家を開設した。

市社協は第4次計画にこれらの構想を位置づけるとともに、鹿塩の家をはじめとする市社協運営の民家型デイサービスの運営展開を、日本生命財団の助成事業を活用した「日常生活圏域での『住民活動』『話し合い』『地域ケア』の『場』づくり」プロジェクトとして実行した（3章90頁補論参照）。

　地域福祉推進計画で組織的な位置づけを図り、実行段階ではプロジェクト化して推進することにより、市社協役職員間でそのコンセプトが共有されるとともに、研究者を交えての定期的な実践評価と対応策の議論が、走り出した開発的な実践現場を支えた。

（4）他事業所との協働と支援
──宝塚市民家型デイサービス連絡会の発足支援──

　鹿塩の家の運営をめぐる市社協の実践としてもう一つ重要なのが、市内の他の民家型デイサービス事業所と立ち上げた「民家型デイサービス連絡会」である。2006（平成18）年度に小規模多機能型居宅介護が制度化されたことをきっかけに、市社協の呼びかけで発足した同連絡会には市内13事業所が参加し、市社協がその事務局を担っている。連絡会では、市内の民家型デイサービスが協働して「民家型デイサービスボランティア養成講座」を実施し、市民と専門職が協働する関係づくりを促進したり、よりよいケアをめざした事業所スタッフの勉強会を開催したりしている。

　鹿塩の家などの民家型デイサービスを直接運営することだけが、市社協の役割ではない。その実践がもつ意味や目的を市民・事業者と共有し、普遍化することが市社協の大きな役割である。市内の他事業所と連携したネットワーク組織の運営は、地域住民とともにつくる地域共同ケアの普及・促進の観点で大きな意味をもっている。

　なお、市社協は他に宝塚市介護保険事業者協会の立ち上げを支援し、その事務局を担っているほか、宝塚市ケアマネジャー協会の立ち上げにもかかわった。福祉多元化で社協の立ち位置が問われるなか、市社協としては一事業体ではなく、他法人・事業所との連携により、質の高い福祉サービス提供

体制をつくる役割を積極的に果たそうとしてきた。

宝塚市民家型デイサービス連絡会主催の地域とのつながりを
深くするための合同研修会

専門職と市民の学びあいの場から
まちづくりへ

桃山学院大学　社会学部社会福祉学科　非常勤講師

佐瀬美惠子

1．はじめに ──ケア部門とコミュニティワーク部門の視点の共有

　社会福祉協議会（以下、社協）として市民の地域生活（施設も含めて）を支援するときに、高齢者や障がい者等のサービス部門があることは強みになる。サービス部門では介護職や看護師などのケアの専門職やソーシャルワーカーが当事者の地域生活を支援している。ケアの専門職とともに地区担当ワーカー（コミュニティワーカー）が当事者の地域での生活や社会環境を整えることによって、安全で安心して暮らせる環境が成立し、その取り組みは福祉のまちづくりへつながる。

　実践例の一つが民家型デイサービス「ふれあい鹿塩の家」（以下、鹿塩の家）を拠点にした取り組みである。要介護の高齢者と家族の地域生活を支援する在宅サービス部門と、地域の人々（市民）とともに安全で安心なまちづくりを担うコミュニティ部門の部署間の連携、総合化の一展開でもある。地区担当ワーカーにケアの視点があり、ケア関係者に地域福祉の視点があることによって、当事者やその家族の抱える生活の困難性を解決することがより可能になる。さらには、まちづくりにつながっている。

2．鹿塩の家の取り組みの価値

　鹿塩の家の取り組みとは、前述されているようにデイサービスのケア提供機能、市民が自主的な活動を行う場の機能、地域の課題を話し合う場の機能を指している。それらの取り組みが当事者や専門職、市民・地域にとってどのような価値があるのか、以下に整理した。

1）デイサービス利用者（要介護高齢者）にとっての価値

デイサービスの利用者にとっては、それまでの地域での生活の継続が保障される。利用者もボランティアも同じ地域に住み、なじみの関係の中で安心して過ごすことができる。

鹿塩の家は民家を活用しており、家に近い適度な大きさの空間は安心感につながるとともに、なじみの地域にあるなじみの家に通うことは安心感につながる。家に近い環境の中でケアを受けることは、自分の行動や活動の予測ができ、自立した生活の継続になる。

2）専門職（デイサービススタッフ）や施設にとっての価値

専門職にとって市民の身近なところでケアを提供することは、ケアに対する評価を直接受ける機会になる。市民やボランティアからケアに対する思いや願いを学び、ケアスキルを向上する機会になる。市民と介護観を共有することで地域で最期まで暮らすことについて考える機会になる。

専門職は市民から持ち込まれる地域の情報により、地域の歴史や文化を学ぶ機会になる。ときには、得られた情報により利用者が地域の催しに参加したり、外出の機会が増えたりする。利用者の地域生活の継続につながり、ケアの質の向上につながる。またケア専門職は持ち込まれた情報により地域で暮らす課題について考えることになる。

市民が立ち寄ったり、ボランティアがデイサービスのケアに参加したりすることは利用者の権利擁護につながる。スタッフには把握しにくい当事者の思いやニーズが市民やボランティアを通じて把握されることもある。市民やボランティアの参加が、苦情を未然に防ぐことやケアの質の向上につながっている。

3）市民や地域にとっての価値

鹿塩の家は市民にとって、デイサービスの機能だけでなく、まちづくりの一つの拠点ができたことになる。市民や地域にとって安心できる拠点ができたことの価値は大きい。市民にとって、入りやすさや地域との関係の近さから、専門職のケアを近くでみることができ、地域で安心して老いることができる

と実感できる場所である。買い物や外出の行き帰りに気軽に立ち寄りケアの雰囲気を感じることができる。ボランティアとして参加し、活動すると、それはさらに強くなる。市民として専門職のケアを学ぶ場になるだけでなく、介護体験や当事者体験を活かす場にもなる。市民が専門職とケアを共有する場になる。

　さらに、市民にとっては身近に地域の中で起きる生活の困難性について相談する場所ができ、地域での解決力を学ぶことにつながる。デイサービスでの活動や発信される情報は有形無形に市民への情報提供となり、学習の機会になっている。

４）市社協にとっての価値

　市社協にとって鹿塩の家は、高齢者の介護ニーズや地域のニーズの把握場所になっている。市民との情報交換の場になるとともに、市社協のまちづくりの拠点・提案の場所にもなる。

　市民に対して最期まで尊厳をもって地域で暮らすことの意味や課題を伝える場であり、そこでボランティア体験ができ、その意義や課題について学習できる場である。

　鹿塩の家は、社協が提供するケアや地域活動の展開方法、相談活動、地域課題の解決方法などを市民に伝える場であり、市社協の価値を市民に伝える場にもなる。

３．専門職と市民の共同と協働

　介護保険制度では認知症対応型共同生活介護サービスなどの地域密着型サービスでは運営推進協議会の設置が義務づけられている。その目的の一つに「地域の協力を得て支援の必要な人の地域生活を支援すること」があげられている。サービス事業者内で完結しがちな利用者の生活を、地域（市民）の協力を得て支援することが求められている。これらの活動は利用者の生活の質の向上につながることはいうまでもない。今までサービス（ケア）提供を中心に援助してきた事業者が、地域に目を向け、地域と協働することにつながる窓口が運営推進会議である。

　鹿塩の家の運営委員会は通所介護サービス利用者のための運営委員会にとど

まらず、地域のための運営委員会として存在している。開設前に設立し、専門職と市民が通所施設のケアを共有し、地域生活の課題を共有し、課題解決に向かう活動に広がっている。そして、利用者の地域生活支援にだけでなく、地域ニーズの発見・支援につながるところに特徴がある。

運営委員会の司会進行を地区担当ワーカーから市民に変更し、地区担当ワーカーが支援する仕組になったことにより、市民にとって鹿塩の家がそれまで以上に、地域の家（拠点）としての価値をもつようになったと考えられる。

専門職と市民との共同による運営委員会の取り組みは、一般デイサービスや施設サービスなどにおいても必要な取り組みである。民家型デイサービス連絡会や民家型デイサービスの取り組みで蓄えた市社協のノウハウを他の事業所に伝え広めることができると、支援の必要な人の地域生活がより豊かになる。安心で安全なまちづくりへ広がっていく。

4. 社会福祉協議会の役割 ― 地域の中にある施設と市民との共同に向けて ―

民家のもつ力は大きい。鹿塩の家の適度な大きさ、広さ、普通の家を訪ねるような気安さ。それは、新しくきれいに整った空間ではなく、汚さないようにと緊張するような空間でもなく、生活になじんだ空間がそこに集う人々（当事者も専門職も市民も）の心を和ませる。立ち寄りやすさに通じてくる。

社協職員が市民や関係者（行政・事業者・専門職等）に伝えるのは、民家を使ったデイサービスのケアの価値を伝え広めることだけではない。それらの要素も含めた、鹿塩の家の取り組みで見えてきた価値、当事者の暮らしにくさや、地域で暮らすことの価値、まちづくりへの広がりの可能性を伝えることである。そのことによって、専門職や専門機関と市民との共同の可能性が広がる。

支援の狭間をつくらない！
―地域を基盤とした総合相談支援体制づくり―

宝塚市は制度の狭間への対策として、「宝塚市セーフティネットの構築に関する要綱」を定めた（2014年）。いわゆる総合相談支援体制づくりである。この要綱には、地域住民団体と行政および関係機関からなる重層的なネットワークの仕組みとしてセーフティネットシステムが構想されている。またその構築を、地域福祉計画（行政）と地域福祉推進計画（社協）の両計画で進められることが明記されている。一方、宝塚市社協もその構築と推進に向けて社協組織内での総合相談支援体制づくりに取り組んできた。

本章では、このセーフティネットシステムの構想とその実体化のための市社協の取り組みについて述べる。

1節●官民協働によるセーフティネットシステムづくり

（1）セーフティネットシステムの目的と住民との協働

1）セーフティネットシステムの目的とその対象

セーフティネットシステムの目的は、制度の狭間にある地域生活課題について、公的制度と地域のつながりによって対応することである。また、そのことを通じて、すべての人が地域で安心して暮らし続けることができるまちづくりを実現することである。

このシステムの対象は、「子ども」「高齢者」「障害者」といった属性別に対象化せず、何らかの生活のしづらさ（生活障害）が生じている「生活者」としてとらえている。「制度で対応できない」（制度の狭間問題）、「一つの機関で支援できない」（複合多問題）などの課題が増大している現状では、従

来の福祉的支援の対象像では問題がとらえきれなくなっており、本人の抱えている生活障害そのものに総合的に対応することが求められている。

2）地域住民と協働する意義と位置づけ

　要支援者と地域とのつながりを重視する意義は2点ある。1つめは、地域住民との交流関係や支援のネットワークなどの地域社会関係から切り離さず、むしろそのような生活の場に福祉専門職が入って地域住民と協働で支えることが、その人らしい暮らしの支援につながるという点である。2つめは、課題が深刻化する前に早期発見・早期対応するためには、専門職のアウトリーチだけでは困難であり地域住民との協働が不可欠であるという点にある。

　そのため、セーフティネットシステムの基盤に地域ささえあい会議や校区ネットワーク会議などの地域住民の自主運営会議が位置づけられている。しかし、それはセーフティネットシステムに住民活動を包含するということではなく、行政や専門機関による総合相談支援体制は、生活の場である住民同士の地域社会関係を基盤にしなければ機能しないという考え方によるものである。

（2）官民協働のセーフティネットシステム構想

1）セーフティネット会議の考え方

　宝塚市におけるセーフティネットシステムは、「宝塚市セーフティネットの構築に関する要綱」（参考資料207頁参照）にその構想が示されているが、その全体構図は図表32のとおりである。

　この構想は行政が設置するセーフティネット会議、宝塚市地域福祉推進検討会（地域福祉推進のための庁内連携会議）と地域の自主運営による地域ささえあい会議（小エリア）、校区ネットワーク会議（中エリア）、セーフティネット連絡会（大エリア）からなる重層的なネットワークであり、会議体の連結である。また、その要となるセーフティネット会議は行政と市社協が共同で運営することになっている。さらに要綱では、これらの全体の構築に関

図表32 宝塚市セーフティネットシステム図

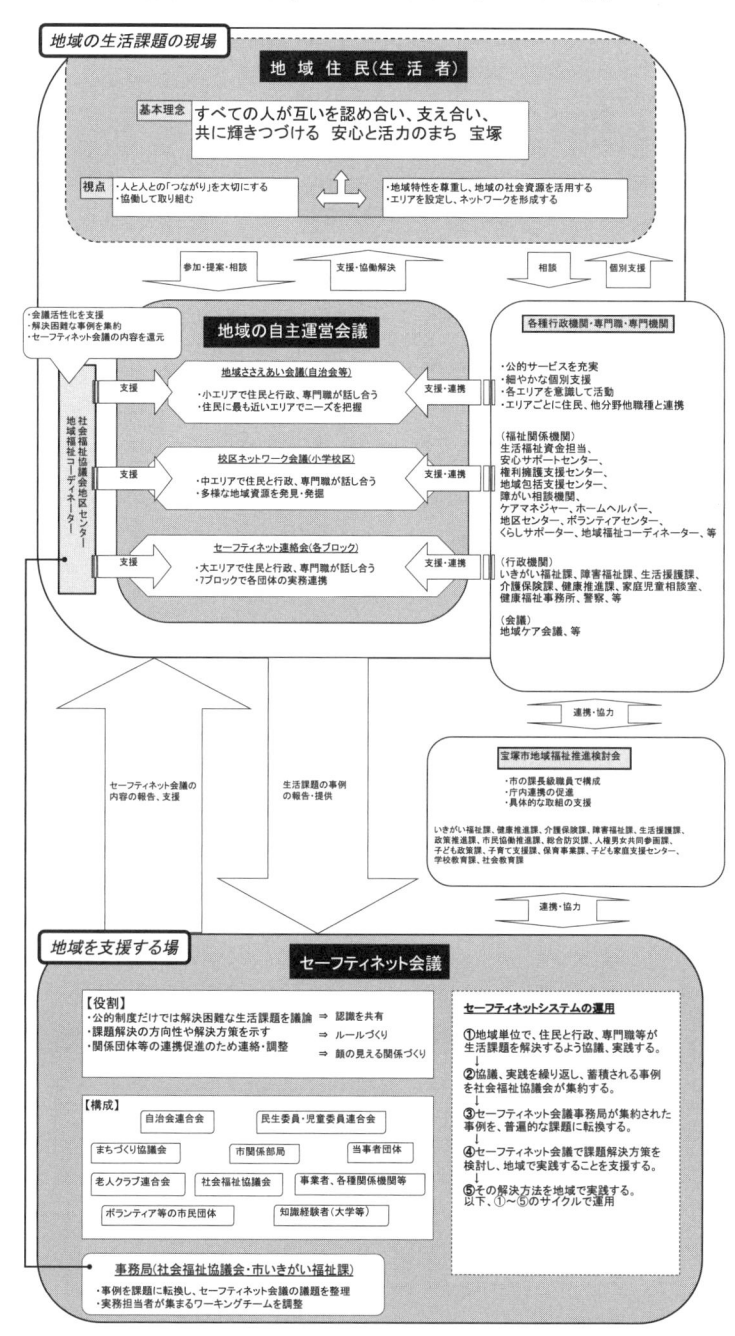

出典：宝塚市健康福祉部

しては地域福祉計画（行政）と地域福祉推進計画（社協）の両計画に基づくものと明記されている。

　セーフティネットシステムの要となる会議体は、制度で対応できない課題を検討するセーフティネット会議である。セーフティネット会議は、地域で解決が困難な制度の狭間の課題の解決を図るために、住民、専門職、行政が協働するための協議・合意の場である。そのため、本会議の議事は出席した会議メンバー全員の合意を得るよう努めることが要綱に明記されている。全員の合意を得るといっても強制的に従わせる議決をするような場や第三者的に評価するような審議会の場ではなく、地域から発信された課題に対して合意した内容を実践できるかどうかについて話し合う場として位置づけられている。

　このセーフティネット会議のあり方に関しては、宝塚市いきがい福祉課と市社協が20回以上の検討会議を開催し、会議の目的、要綱、メンバー構成などについて話し合った。また、2015（平成27）年度からスタートする生活困窮者自立支援事業で寄せられる制度狭間の課題の出口機能を、将来的にこのシステムを組み込んでいくことも意識した。典型的な支援困難事例の課題を検証しながら、それと並行して制度の狭間に対応する仕組みづくりで先行する他市を調査するなどの結果、2層の内部会議を組み込むことが検討された。実務担当者によるワーキングチームとその検討結果を共有・了承する市の課長級の職員で構成される宝塚市地域福祉推進検討会である。この2層の会議は要綱にワーキングチームの設置、宝塚市地域福祉推進検討会の協力として明記されている。

2）セーフティネット会議の現状と生活支援調整会議の設置

　2014（平成26）年2月に2013（平成25）年度第1回宝塚市セーフティネット会議が開催され、本会議はスタートした。第2回目はその1年後の2015（平成27）年3月の開催であった。セーフティネット会議は、最低でも年2回開催され、具体的な課題提出と解決策が提案される運営をイメージしていたが、1年めはそのような提案まで進まなかった。しかし、その間、市社協に

おいては地域福祉コーディネーターの働きを強化し、制度の狭間のニーズを顕在化させる取り組みと、それらのニーズを課題化するための生活支援調整会議の仕組みを社協内で整えた。

一方、宝塚市はセーフティネットシステムを稼働させる部局として「地域福祉課」を 2015（平成 27）年度から新設している。初年度となる 2014（平成 26）年度はこの両者の条件整備こそが、セーフティネットシステム創設の成果であろう。第 2 回目の会議においては、地域福祉コーディネーターが対応した制度の狭間のケースと地域ささえあい会議や校区ネットワーク会議から出された住民からの課題が報告され、会議メンバーからは 2015（平成 27）年度以降の本格的稼働の期待が寄せられた。

3）生活困窮者自立支援事業を組み込んだ循環型セーフティネットシステムへ

2015（平成 27）年度から生活困窮者自立支援事業がスタートした。市社協も、宝塚市から自立相談支援事業（せいかつ応援センター。以下「応援センター」）を受託し相談支援を行っている。

また、宝塚市では事業委託について市社協との協議を行い、この事業が法律に基づいていることから次のような取り組みを行っている。

①行政に担当課（せいかつ支援課）を置き、制度のＰＲや庁内連携の推進を行う。

②相談窓口を市社協ではなく、市役所内に置く。これによって行政内の各窓口で気になる相談者が漏れることなく、相談がつながる仕組みとする。

③庁内連携の方法として宝塚市生活困窮者自立支援推進会議（庁内連携会議）を開催し、取り組みの報告や、相談をつなぐ際のルールについて周知を図る。

④宝塚市生活困窮者自立支援推進会議（庁内連携会議）に、地域課題化検討部会を設置し、応援センターの相談の課題化を通じて、セーフティネット会議に課題の報告や提案を行い、課題が応援センターに滞留しないようにする。

応援センターには、単に経済的困窮だけでなくさまざまな生活課題を抱え、地域社会から孤立している人も含めた多様で複雑な制度狭間の相談が多数寄せられる。そのため、既存の社会資源や相談支援の仕組みだけでは解決に至らないケースが増え続けていた。2015(平成27)年度の第1回・第2回セーフティネット会議では、それらのケースから見えてきた課題について報告・協議を行い、住民からも「地域の中で潜在化している」ことの気づきや、「住民として、どのように関わればよいのか」といった悩みや「早期の発見や予防的な取組」の必要性について意見が寄せられた。そこで、2016（平成28）年度第2回のセーフティネット会議では、セーフティネット会議に応援センターからの課題を持ち込み、解決・出口に向けて話し合い、具体的な開発型のプロジェクトを立ち上げていく循環型の仕組みを提案し承認された。

　2017（平成29）年度第1回のセーフティネット会議には、18歳〜20歳までの社会的養護の課題、ひきこもり者への支援、長期間離職者や就労経験のない人への体験的・中間的就労の場づくりなどの課題が取り上げられた。実際に事業が開始して、より具体的な制度狭間のケースの発見と、その解決を意識した実践的なシステムになったといえる（図表33）。

4）個別事例から、地域課題化へ

　ここでは、個別の相談事例を地域課題化させ、解決に向けて循環させるセーフティネット運営の具体的な事例について述べたい。

【ひきこもり支援】

　応援センターには、ひきこもりの子どもをもつ親からの相談や、70〜80歳代の高齢者への支援の中で、ひきこもっている40〜50歳代の子どもがいることに気づいた関係機関からの相談が寄せられる。しかし、ひきこもっている本人に会えないため、継続的な相談につながらず家族が孤立したり、ようやくつながっても既存の制度や出口がないことや、居場所や相談機関があっても本人が必要性を感じていないのでつながらないなどの理由のため、相談が増え続ける傾向にあった。

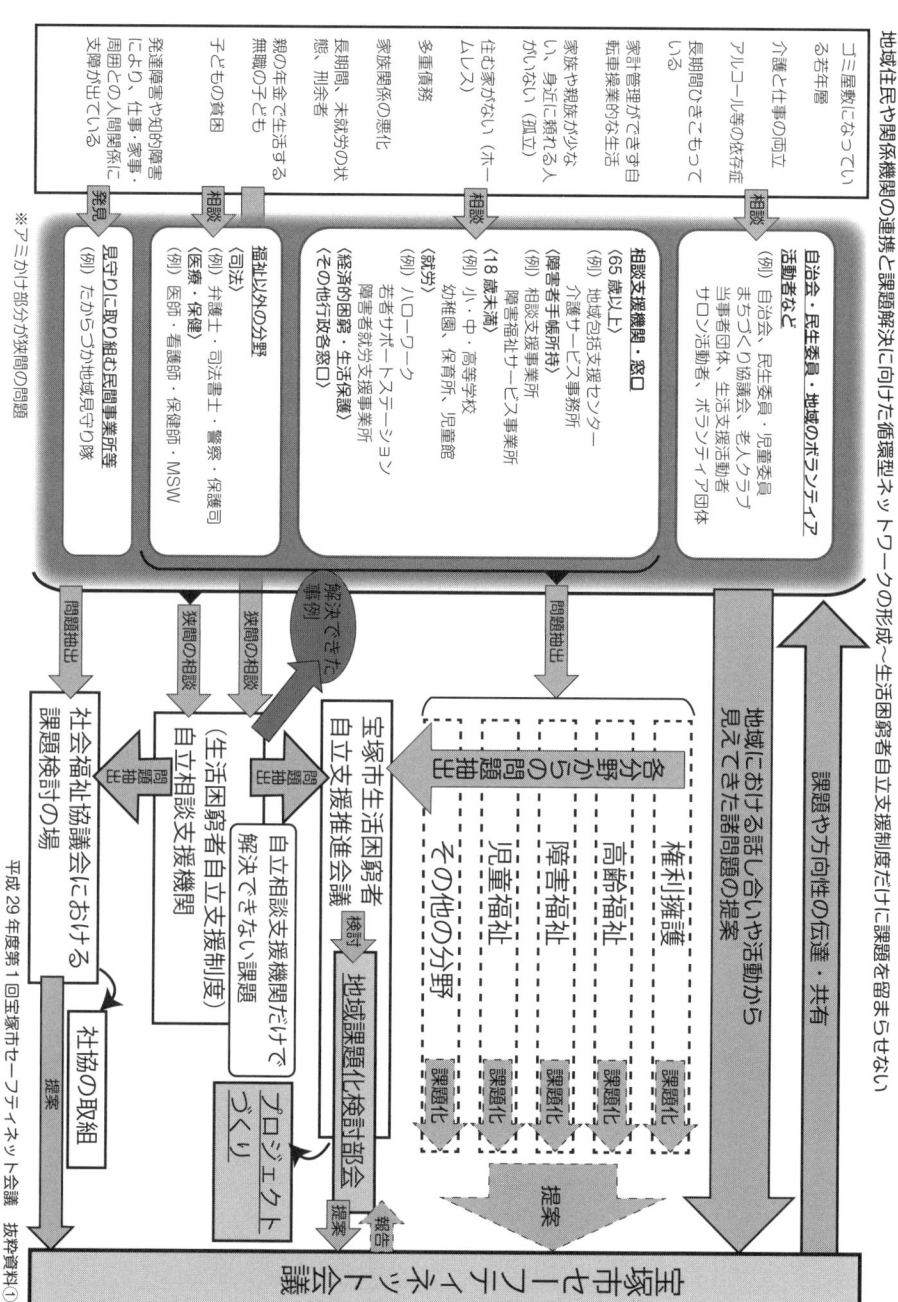

図表33　循環型セーフティネットシステム

地域住民や関係機関の連携と課題解決に向けた循環型ネットワークの形成～生活困窮者自立支援制度だけに課題を留まらせない

※アミかけ部分が狭間の問題

平成29年度第1回宝塚市セーフティネット会議　抜粋資料①

127

そこで、応援センターでは2016（平成28）年度に、ひきこもり家族会（SMILE の会）、健康福祉事務所、就労支援の相談窓口（他団体・他法人）、居場所運営を行っている市社協の他部署等にヒアリングを行い、それぞれがどんなことを行っているか一覧表の作成を行った。また、ひきこもり支援における課題整理を行ったところ、それぞれが同じような課題を抱えていることが見えてきた。ヒアリングを行った方々とともに、それらの課題解決に向けて話し合う「ひきこもり支援ネットワーク」を立ち上げることになった。このネットワークは「地域課題化検討部会のプロジェクト」に位置づけられている。

　「ひきこもり支援」といっても就学前から義務教育期間中、義務教育修了後〜64歳、65歳以降など、それぞれの年代ごとに課題や家族の状況・思いも異なるため、それぞれのライフステージごとの支援を考える必要があり、まずは0〜18歳までの検討を行うことになった。

　セーフティネット会議では、これら一連の流れや、立ち上げたネットワークでの話し合いの内容についての報告を行っている。

ひきこもり支援ネットワークの様子

2節●社協における総合相談支援体制づくり

（1）社協の２つの使命と総合相談支援機能の強化

　社会福祉協議会における総合相談支援体制づくりには２つの使命がある。１つは地域福祉推進組織としての自組織自身の責務である。もう１つは、自治体全体の仕組みづくりに向けて、住民、関係機関・専門職、行政と協働して公共的な体制として構築していく責務である。後者の責務は１節のセーフティネットシステムづくりで説明したが、その推進力としても、前者の自組織での内発的な取り組みが問われることになる。

　住民主体で進めるサロンなどの地域福祉活動は住民の多様な生活課題を顕在化させている。またこのような活動はニーズの早期発見と同時に見守りが行われ、継続的な生活支援につながっている。それらのニーズに対応するために、地域ささえあい会議、校区ネットワーク会議の運営支援、またそれに対応するエリアチーム制を試行してきた（3章2節参照）。

　本節では、それらの活動基盤を前提に２つのことについて述べておきたい。１つめは、市社協の総合相談支援の活動についてである。２つめは、市社協の専門相談における総合相談支援体制の構築の方法についてである。

（2）住民・民間団体との協働によるニーズの発見

1）福祉総合相談窓口

　第４次地域福祉推進計画では、身近な地域の中で支援を必要とする人々に気づき支える仕組みや活動を住民を主体としながら関係機関と協働でつくっていくことを目標とした。

　この目標を具体化するしかけとして、2005（平成17）年から３年間、ニッセイ財団高齢社会先駆的事業助成を受け、概ね小学校区を日常生活圏域と設定し、活動の場づくり（地域活動拠点）、地域の福祉課題について話し合う

場づくり（校区ネットワーク会議）、地域のケアの場づくり（小規模多機能拠点）という3つの場づくりを進めた。

　一方、同時期に実施した復興住宅の住民を対象としたニーズ調査の結果から、身近に生活のことなどを相談する場が求められていることが明らかになった。そこで、個別の相談支援ニーズに対応する活動として、福祉総合相談窓口の開設を3つの場づくりと併せて推進・支援していった（3章90頁補論「日常生活圏域での場づくりと複合プログラム」参照）。

　地域の活動者にとって、地域の中に自由に使える活動拠点があることは、活動を促進する大きな条件になる。拠点をもつことで、日常的に活動者間の接点ができるので情報や生活課題が共有され、解決に向けた新しい動きが出てきたり、住民が自らの気づきや問題意識を活動に反映しやすくなる。さらに、その活動を通じた交流から気づきが生まれ、それがまた活動に反映される。市社協では、このような地域活動拠点に住民からの相談を受ける相談窓口を設置する形態を「福祉総合相談窓口」（以下、相談窓口）と呼んでいる。

　相談窓口は市内に16か所設置されている。実施主体はまちづくり協議会や民児協で、相談員はまちづくり協議会福祉部、市社協、専門職などである。開催頻度は月1回がほとんどで、サロンと同時開催しているところも多い。

　相談窓口は地域住民が日常的に相談を受け付け、公的な支援の対象になりにくい制度の狭間にある相談・支援ニーズを埋もれさせず、どのような相談が来ても受け付けることを目標としている。この相談窓口の大きな特徴は、専門職が出張相談を行うのではなく、地域住民とともに専門職が運営に取り組むという点にある。この取り組みを通じて住民と福祉専門職が協力して継続的に地域の福祉課題に取り組む関係づくりができる。

　身近な相談場所である相談窓口は深刻な相談がもち込まれることは少ないが、地域活動者が活動を通じて気づいた課題のもち寄りどころとなる。本来、相談者が自分自身の問題を覚知していれば、自ら相談支援機関につながるはずである。それに対し、活動者がもち寄る相談は要支援者本人が何らかの理由により気づいていなかったり放置（セルフネグレクト）しているケースが多い。このようなケースは発見されにくく地域に潜在化しやすい。これらの

ニーズこそ身近な相談窓口で受け止めることがたいせつである。

２）民間事業者との協働

　住民による見守り活動が行われているなかで、新たな見守り体制として、2011（平成 23）年に民間事業者による見守り（たからづか地域見守り隊）が開始された。これは、市社協が宝塚市から受託した「安心生活創造事業」の取り組みの一つである。

　民間事業者が訪問先や店舗などで高齢者などに対して気になることや異変を感じた場合に、地域包括支援センターに連絡し、早期発見・早期対応を行うというものである。

　通報時にはすでに亡くなっていたという事例もあったが、それをきっかけに地域での見守り、日常のつながりの必要性などといった福祉啓発を進めようという地域住民の動きや、住民自らが民間事業所とつながりをもつための交流の場を市社協とともに企画する動きも生まれている。

（３）社協内の総合相談支援体制の組み立ての考え方

　市社協における総合相談支援体制の組み立ては次のとおりである。

①制度や事業の根拠法（介護保険制度や障害者総合支援法）に基づく相談支援の実施（地域包括支援センターや障害者自立生活支援センター等）

②あんしんサポートセンターによる日常生活自立支援事業や生活福祉資金、心配ごと相談の一体的運営による制度の狭間への対応（①の狭間対策）。

③高齢者・障がい者権利擁護支援センターによる①、②のバックアップ体制づくり

④これまでの実践を活かした生活困窮者自立支援事業の受託

⑤制度の狭間に対応する事業の創設

⑥社協内の課題化と、全市のセーフティネットシステムによる出口づくり

　それでもなお、それぞれの相談支援においては、制度の狭間の問題への対

応と地域との協働体制が十分ではなかった。そこで、これらの相談機能を社協内で連結させ、漏れのない総合支援体制のための取り組みとして、さらに次の３つの取り組みを進めた。①エリアチーム制と校区チーム会議の実施、②エリアチームとブロックエリアにおける地域生活支援会議の設置、③地域福祉コーディネーターの強化である。このうち、①エリアチーム制と校区チーム会議の取り組み、および、②エリアチームとブロックエリアにおける地域生活支援会議の設置については３章２節（１）を参照されたい。

１）宝塚あんしんサポートセンターの設置

　市社協では、2000（平成12）年より福祉サービス利用援助事業（現日常生活自立支援事業）を開始している。この事業を進めるにつれ、認知症や知的・精神障害者など判断能力の低下が見られる人たちへの悪質商法被害の増加、成年後見支援、家計を含めた生活管理や契約社会へ対応できずさまざまな困りごとが発生するケース、また障害者が一人暮らしを開始する際の住宅確保の問題など、地域生活を営むうえでの権利擁護支援の課題が浮き彫りになってきた。

　また2008（平成20）年のリーマンショックは、労働稼動年齢世帯の離職者の増加などの新たな生活困窮世帯の問題を生み出すこととなった。そこで、日常生活自立支援事業や生活福祉資金貸付事業を有機的につなげることで、あらゆる相談に対応していけるように市社協の相談支援として一体化することが求められるようになった。

　たとえば、生活課題の中には就労の問題や経済的な問題を抱えるケースもあり、そのような場合は生活福祉資金貸付事業の担当者が加わり相談に入る。心配ごと相談事業からも、市社協の障害者相談支援事業所につなげていくことが可能である。

　そのような背景もあり、2009（平成21）年６月に日常生活自立支援事業、生活福祉資金、心配ごと相談所の相談をまとめた相談窓口として「宝塚あんしんサポートセンター」を立ち上げた。このセンターは、次のような指針のもとで運営されている。

このような指針に基づき、あんしんサポートセンターでは世帯収入の安定をめざすための就労支援の一つとして、模擬面接の実施、専用パソコンによる求人情報検索、就職活動用のスーツの貸し出しなどの支援をしている。また、地域住民や関係機関から集めた物品（洗濯機・電子レンジ・テレビなど）をストックしておき、生活困窮により日常生活用品を購入できない世帯が利用できるように支援を行っている。

なお、あんしんサポートセンターによる就労支援については、2015（平成27）年度から生活困窮者自立相談支援事業のスタートに伴って移行している。

2）あんしんサポートセンターから権利擁護センターの設置へ

あんしんサポートセンターの主要事業となっている日常生活自立支援事業で扱う相談は、複雑に課題がからみあい単一の機関の判断で解決できることは稀である。したがって、医療・福祉・司法などの専門的立場から総合的に支援できなければ問題解決に至らないケースが多い。そのため多職種・他機関でのチームアプローチが求められ、さまざまな機関が十分機能するネットワーキングとコーディネートが必要になってくる。さらに、日常生活自立支援事業と成年後見制度利用が権利擁護支援として重層的に機能するためには、成年後見制度利用開始までの支援にとどまらず、後見人を支え、制度利用後も継続的にフォローする体制の確立が必要である。

そのような課題を解決するためには、行政責任のもとで開設される権利擁

護センターの設置が必要であることが、学識経験者・法律専門職・医療専門職や関係機関から構成されているあんしんサポートセンター運営委員会において懸案となっていた。ときを同じくして、2009（平成 21）年度に手をつなぐ育成会（知的障害関係の当事者団体）が「親亡きあとの生活」の観点から、成年後見人を法人として受任する仕組みとして、NPO 法人宝塚成年後見センターを設立した。2010（平成 22）年より行政に働きかけ、両法人と権利擁護センター設置に関する検討を積み重ね、NPO 法人宝塚成年後見センターとの協同運営事業として、2012（平成 24）年より「高齢者・障がい者権利擁護支援センター」を設置した。

3）生活困窮者自立相談支援事業（せいかつ応援センター）の受託運営

2015（平成 27）年度 4 月より、生活困窮者自立支援事業がスタートした。

この事業における任意事業として、宝塚市では、2017（平成 29）年 12 月現在、就労準備支援事業、一時生活支援事業、学習支援事業を実施している。市社協では必須事業である自立相談支援事業（せいかつ応援センター、以下「応援センター」）を受託運営しており、相談員 4 人（別途生活福祉資金の貸付相談担当者 1 人）が相談支援を行っている。

市社協における自立相談支援事業の受託運営は、下記の 3 つの特徴がある。

①単なる経済的な困窮として捉えず、社会的孤立も含めた生活課題として捉え、地域福祉の視点を持って対応する。

②生活福祉資金の相談と一体的に実施する。それによって貸付対象にならない相談者も途切れることなく、応援センターの相談へとつながり、生活保護や障害サービスなど既存の制度の利用や、就労支援や納税相談、ひきこもりの早期発見・対応につなげる。

③就労支援については、就労準備支援事業とともに、地域若者サポートステーション・いきがい仕事サポートセンターなど、就労支援の実績のあるNPO法人（宝塚NPOセンター）が宝塚市から委託を受けて実施。市社協とNPOセンターで連携して相談者の支援を行っている。

なお、この３年間、生活困窮者自立支援事業に取り組むなかで、社会的孤立対策として、下記の取り組みが必要であると明らかになりつつある。

①相談員の伴走型支援だけでは解決しない

　相談員一人が支援しても解決にはつながらない。周りが助ける、気にかけるからこそ自己肯定感も高まり、意欲も生まれ、自立に向かう。他分野の専門職や地域住民との関係づくりを行い、一緒に自立に向かうネットワークをつくることが重要である。

②受け入れられる地域づくり

　社会的孤立に陥っている相談者は、家族全体で複合的な課題を抱えていたり、家族関係に課題を抱えているため誰にも相談できない、地域住民とのトラブルの当事者であることもある。また、刑余者やLGBT、ひきこもり、他人とのコミュニケーションが難しい人など、誰かとつながることの難しさを抱えていることも多い。

　地域住民や多様な主体が「我が事」として参画し、世代や分野を超えて繋がる地域づくりが必要である。そのためにも、応援センターだけでなく、社協の地区担当職員との連携が必要となる。

４）制度の狭間に対応する事業の創設

　制度の狭間に対応するためには社会資源の開発が不可欠である。市社協では、必要に応じて独自財源等を用いて５つの事業をつくり、生活困窮者などの支援に活用している。《　》内はその事業の財源を示す。

①くらしサポーター　2010（平成22）年度　《介護保険事業の収益》

　既存の制度や住民活動では対応できない生活課題を抱えている人、特別な支援制度のない中年層や若年層で問題を抱えている人を対象に、くらしサポーターとよばれる市社協ホームヘルパーが民生児童委員や専門機関などと協力しながら一時的な生活支援を行う。これは、社会的孤立を解消して、利

用可能な制度へつなぎ、生活困難に陥ることの防止への支援を合わせて行い、地域で安心して生活を継続できるようにするための市社協独自の仕組みである。

②緊急サポート事業　2012（平成24）年度　《歳末助け合い愛の持ち寄り運動からの基金》

　生活困窮者の生活や生命の安全が脅かされ、生活の継続が困難になるような緊急の事態に対して、一時的な支援（食の確保や光熱水費の支払い）を行う市社協の自主事業。生活困窮者への支援に合わせて、地域担当課長ごとに判断することができ、制度の狭間のケースなどの緊急対応が必要なときに有効な仕組みとして活用されている。

③就労体験の仕組み　2016（平成28）年度　《善意銀行》

　生活困窮者自立相談支援事業の開始に伴い、相談者の「自尊感情の低下」「生活改善への意欲の低さ」「就労への意欲低下」や「就労意欲があってもさまざまな事情でスタートラインにさえ立てない」課題が見えてきた。そのため、市社協からのアンケート発送や封筒詰め、パンフレットの修正等の軽作業（1～2時間程度）を行ってもらい、自尊感情や生活改善の向上、就労意欲を高めるきっかけづくりとしての就労体験の取り組みを、せいかつ応援センターで試験的にスタートした（善意銀行から交通費相当分を支払っている）。

④宝塚市各地区民生児童委員協議会による緊急生活支援事業　2016（平成28）年度　《赤い羽根共同募金》

　民生委員・児童委員の活動の中で把握した生活の継続が困難になっている生活困窮者等について、既存制度では対応できない場合や緊急的な支援や保護を迫られる場合など、生活と生命の安全が脅かされるケースに対して、各地区の民生・児童委員協議会で一時的な支援（現物給付）を行っている。

⑤フードバンク関西と市社協との協定による食の確保

2016（平成28）年度　《善意銀行》

フードバンク関西と協働し、一時的な困窮によりその日の食べ物にも事欠く状態になった個人や世帯への緊急の食糧支援を行う。

5）エリアチームとブロックエリアにおける地域生活支援会議の設置

住民による話し合いの場（地域ささえあい会議、校区ネットワーク会議）や地域活動が活発になると、それらの場から、気になるケースやニーズが発見される。市社協ではエリアチーム（校区チーム）での対応、協議を行ってきたが、そのようなケースは、エリアチーム（校区チーム）が無い地域でも発生する。

そのため今後は、ブロックで共有する地域生活支援会議を第6次計画の中で位置づけ、推進していくこととなった（詳細は第3章2節）。

（4）総合相談支援体制のための人材配置

1）制度の狭間に対応する地域福祉コーディネーターの設置

市社協では、2009（平成21）年度より2014（平成26年度）まで、安心生活創造事業のモデル事業を受託し、「事業所による見守り支援」「制度の狭間に対応する個別支援」「見守り支えあいの仕組みづくり」をすすめる地域福祉コーディネーターを設置した。地域福祉コーディネーターは、上記の他にも、制度狭間のニーズを生活支援調整会議に持ち込んで課題を整理し、宝塚市セーフティネット会議に繋ぐ重要な役割を担っていた。当時、地域福祉コーディネーターが担っていた機能は次の3点に整理できる。

①分野ごとの制度やサービスなど相談機関とつなぐ機能

世帯で複数の問題が複雑に絡み合っている場合、1つの相談支援機関だけで対応することは限界が生じる。制度の狭間のために支援が届かなかったケースを一旦受け止め、相談機関が支援しやすいように課題を整理し、ネッ

トワークをつくって対応できるような働きかけを行う。

②地域住民と専門職をつなぐ機能

住民が自分ごととして考えられるよう、協議の場を一緒につくっていく役割を担う。協議の場を通じて、「このような状況は、誰にでも起こりうること」「問題を抱えている人は、他にもっといるのではないか」という気づきが生まれた。また、専門職には住民との話し合いや関わりのなかで、地域の関係性を重視した支援に目を向けることができるように働きかけを行う。

③新しい社会資源を開発する機能

個別事例の解決だけに目を向けるのではなく、地域の生活課題を広く捉え、セーフティネットシステムの中で住民と協働し、新たな生活課題を解決していく仕組みや資源開発の役割を担う。

安心生活創造事業のモデル事業で設置した地域福祉コーディネーターの機能は、生活困窮者自立支援事業のスタートによって、より強化されるようになった。すなわち上記の対応の経験や機能は、生活困窮者自立支援事業の自立相談支援事業の「相談を断らずに、一旦受け止めて話を聴く」「行政、専門機関、地域住民など幅広く、相談対応のネットワークをひろげる」という姿勢や、課題化を通じた社会資源開発の取り組みにつながっている。

2）地域福祉コーディネーターから生活支援コーディネーターと生活困窮者自立支援事業の相談支援員へ

2015（平成27）年、介護保険制度改正のなか、生活支援体制整備事業の一つとして、生活支援コーディネーターが市社協に1人配置された。当初、地域福祉コーディネーターの機能であった制度の狭間対応を継承しながら、生活支援調整会議やセーフティネット会議の運営、ささえあい・見守り活動の実態把握、社会資源開発のための協議体づくりなどに取り組んだ。その後、翌年にもう1人増員された。

生活支援体制整備事業で示されている「ささえあい・見守り活動の推進」、「社会資源開発のための協議体づくり」を進めていくには、市民啓発活動や人材育成講座（市民向け、専門職向け）、地域福祉活動グループのネットワークづくり、地域活動の情報発信など幅広く事業を展開しなければならない。そのため、生活支援コーディネーターは制度狭間の対応を徐々に縮小せざるを得なかった。一方、2015（平成 27 年）から受託した生活困窮者自立支援相談事業における相談支援は行政、専門機関、地域住民など幅広く、相談対応のネットワークをひろげ、地域福祉コーディネーターに代わり、制度の狭間の対応を強化することができた。

　現在は、制度狭間の対応として、生活困窮者自立支援相談事業における自立支援相談員が個別支援を行い、生活支援コーディネーターは地区担当ワーカーとともに地域住民や専門職間の連携などの地域支援を担う役割となっている。また、この両者の連携によって、行政、専門機関、地域住民の協働開発を促進している。

　現在の課題として、ひきこもり等の理由で社会参加、就労や近隣とのおつき合いができないなど、福祉制度では対応にしくいが、何らかの生活支援の必要な人が潜在化していることが明らかとなった。

　これからは、社会的な排除などがないように福祉教育などの地域支援を行い、早期発見・早期対応のできる地域づくりを進める。併せて、制度狭間の対応として、寄り添い型の個別支援や専門職間の協働による支援を強化する。

3節●生活困窮者自立支援事業（せいかつ応援センター）における事例とセーフティネット運営

ここでは、2015（平成27）年度にスタートした宝塚市における相談件数や、主な相談対応の事例を紹介する。なお、地域課題化の事例やそのプロセスについては、本章1節3）を参照されたい。

（1）相談実績等

生活課題を抱えて何らかの支援を必要とする場合でも、どの制度やサービスも適用できず孤立している人（世帯）がいる。同一世帯内でのそれぞれの家族の抱える課題が複雑に絡み合う複合多問題世帯として、相談が寄せられることがある。このような相談は、民生児童委員や地域住民からだけではなく、地域包括支援センターなどの関係機関の専門職からも寄せられる。地域福祉コーディネーターに寄せられる相談の約5割は専門職からの相談である（図表34参照）。

図表34　相談支援の実績

①相談件数

	4月	5月	6月	7月	8月	9月	10月	11月	12月	1月	2月	3月	合計
H27年度	59	40	34	64	25	42	41	29	36	36	38	41	485
H28年度	43	37	41	42	41	36	35	26	29	29	51	48	465
H29年度	32	44	48	35	40	34	38						271
H29全国平均	34.3	37.0	37.7	35.0	35.0	34.3							

②相談経路

	H27年度（％）	H28年度（％）	H29年度（％）
本人（来所・電話等）	37.9	31.6	36.5
家族・知人（来所・電話等）	12.7	14.2	8.6
関係機関等	48.5	53.1	54.1
その他（不明も含む）	1.3	1.1	0.9

相談経路は、半数以上が関係機関からつながっている。市役所内に相談窓口を置くことで、市役所内の各窓口からつながってくることも多い。

※関係機関の内訳等

	H27年度（%）	H28年度（%）	H29年度（%）
福祉系 （生活保護、介護保険、高齢福祉、地域包括、障害福祉課、ケアマネ、社協等）	81.4	53.1	52.1
非福祉系 （医療助成課、国民健康保険課、市税収納課、市営住宅管理センター、市民相談課等）	8.5	39.1	33.3
保護司・民生委員、地域活動者	10.2	4.2	14.5

生活保護、児童、ひとり親関係、障害福祉課、地域包括といった従来からの福祉の窓口からの相談は従来からも寄せられていたが、この事業をスタートして税金や保険料、市営住宅管理センター、水道関係の窓口から相談がつながった。

③性別

性別	H27年度（%）	H28年度（%）	H29年度（%）
男性	47.5	46.9	40.6
女性	46.5	48.2	58.7
不明	6.0	4.9	0.7

全国的には男性の相談者6割といわれるが、宝塚市では女性やや多くなっているため、男性の相談が潜在化している可能性もある。

④年齢

年代	H27年度（%）	H28年度（%）	H29年度（%）
10代	2.5	2.6	2.6
20〜39歳	18.1	18.7	19.3
40〜64歳	40.8	41.7	37.3
65歳以上	24.6	25.4	31.3
不明	14.0	11.6	9.4

20〜64歳までの、制度の対象にならない方の相談が多い。一方、宝塚市の特徴として、65歳以上の高齢者の相談が多く、その相談内容は高齢者自身の経済的困窮や家計管理、就労のことの他に、8050に代表されるような無職の子どもなどの家族問題に関することもある。今後、地域包括ケアの推進に向けて、高齢者の総合相談窓口である地域包括支援センターとの更なる連携も必要と思われる。

（2）対応事例

事例1 地域のネットワークで発見し、地域活動の中でつながりを回復

（ケース概要）50歳代のひとり暮らし男性。大学卒業後に就職するも、親の介護をきっかけに離職。その後、アルバイトをするが長続きしなかった。両親を相次いで亡くし、親の遺産で生活していたが底を突き、近隣の住民に食材をもらったり、光熱水費を借りて生活していた。

（経路）本氏が経済的に困窮していると地域住民から民生委員に情報が入り、応援センターへつながる。

（対応）応援センターで地域住民と共に訪問すると自宅内で倒れていた。救急搬送などの初期対応を経て、生活保護制度へとつなぐ。社協校区チームとともに自宅での生活環境の整備を行うほか、校区チームが地域のサロンへ同行する。当初はサロンの参加者だったが、今では調理・接客する役割を得て、社会とのつながりも回復。資格取得に取り組むなど、経済的な自立をめざしている。また、そのことを最初に連絡いただいた地域住民や民生委員と地域ささえあい会議で情報共有を行い、地域住民も彼を応援している。

事例2 複合的な問題を抱える世帯を、他の相談支援者とチームで支援する

（ケース概要）70歳代の認知証が進む母と、40歳代のひきこもり息子の2人暮らし。公営住宅への転居を予定していたが、2人ではさまざまな手続きが進まず、遠方の家族も公営住宅管理会社も対応に困っていた。

（経路）遠方の家族が、公営住宅管理会社に相談し、せいかつ応援センターを紹介された。

（対応）公営住宅の管理会社から本世帯に対して、応援センターと地域包括支援センターを紹介してもらう。両センターが一緒に支援して公営住宅へ無事転居。その後、母は介護保険による福祉サービスの利用スタート。息子はせいかつ応援センターと就労支援機関の支援により、就職をめざして活動をスタートし、就労につながった。

事例3 緊急の食糧支援と体験就労を通じて、世帯状況の把握と関係の構築

（ケース概要）病気の母親と、障害の疑いのある20歳代の子ども世帯。以前から、地域で気になるケースとして、市社協のデイサービス運営委員会でたびたび話題になり、運営委員会で行う行事へのお誘いも行っていた。また関係機関でも気になるケースとして、世帯へのアプローチを行っていたが、継続的な関わりをもてない状態が続いていた。

（経路）市社協のデイサービスセンターが、地域住民からの相談で、母の体調がよくないことを把握し、せいかつ応援センターにつながる。

（対応）母の入院をきっかけに、応援センターにつながる。子ども自身での金銭管理や生活管理が難しいため、一時的にフードバンクによる食糧支援を利用。フードバンクの食料は、市社協デイサービスで預かり、3日に1回取りに来てもらって、応援センター以外の人による安否確認やコミュニケーションの機会を増やすようにした。

母の退院後、20歳代の子どもは、市社協で行う就労体験（本章2節136頁 ③就労体験の仕組み参照）へ複数回参加。「また作業をしたい」「もっと手早くできるようになりたい」といった希望なども聞かれるようになった。また今後、母の容態急変に備えた緊急時の対応方法についても確認できた（受診や福祉サービスの利用については現時点では拒否）。

「8050」「7040」といった、高齢の親と無職・ひきこもり状態の子どもの世帯の相談は年々増加している。また、そういった世帯は親族などの支援者が地域にはおらず、親が施設入所や入院中で残った子どもが一人で生活していることが多い。そのため、住民が「ほっておけない」「何とかしないと」という思いで、気にかけてお声かけを行ったり、一緒に野菜や花を育てたり、サロンなどの集まりや食事会のお誘いなど、地域での居場所や社会参加の機会づくりに関わっている事例もある。

地域活動の中での早期発見と、互いに気にかけ合う関係づくり

ミニデイサロン「芽ぶき」を毎週金曜日に開催しています。「芽ぶき」は高齢者や子育て中の方々などの話し相手や見守りを行うことを通して、住民同士が互いに助け合い、思いやりのある温かい地域をつくることをめざしています。

ミニデイを運営する中で利用している方の体調が悪くなったり、認知症の症状が進行して参加できなくなることがあり、高齢者の生活を支えるためには、ミニデイサービスへの参加を待つだけでは支援が不十分と感じて、定期訪問、生活支援を開始しました。毎日訪問している方もいて、犬の散歩をしたり、生活用品を買って持っていったりすることもあります。

ミニデイに参加されている方の状況を把握するために、週1回、スタッフ間で1週間にあったこと、変化のあったことなどの情報共有を行うなかで、参加していないけれど気になる近隣の高齢者や、高齢の親と暮らす40歳・50歳代の子どもや、親が入院・施設入所して1人で暮らす就労していない50歳代・60歳代の子どもを発見することもあります。そういった情報は、市社協と地域包括支援センターと月に1回情報交換を行って共有したり、そこでの情報をもとに訪問したり、声かけをしたりしています。

私は「人のお役に立ちたい」と思ってこの活動を行っています。それも一人だけではなく、なるべく多くの人のために役に立ちたいと思っています。

（ボランティアグループ「芽ぶき」　代表 田村洋子さん）

地域福祉推進組織としての社協マネジメント

宝塚市社協は、1989（平成元）年以後の在宅福祉サービス拡大に合わせて、積極的に行政の介護サービス事業を受託実施し、現在でも兵庫県内で有数の事業規模を有する。一方、阪神・淡路大震災の災害復興を契機に、遅れていた地域福祉推進事業に取り組むとともに権利擁護事業も含めた幅広い事業展開を進め、地域福祉の総合推進を志向してきた。

事業展開に合わせて組織の規模と機能が拡大するなかで、住民主体の協議体・運動体であることと経営を適切に行う事業体であることを両立させ、民間性と公共性をバランスさせる組織マネジメントを行ってきた。本章では、理事会・評議員会をはじめとしたさまざまな協議・協働の場づくりや事務局組織の総合化、事業経営の改善などの取り組みの具体的な内容を紹介し、その成果と課題を明らかにしていく。

1節●住民主体の協議体としての社協を 担保する組織マネジメント

住民主体を理念とする協議体である社会福祉協議会にとって、さまざまな場面で住民の参加・参画する協議の場をつくり、そこでの議論や意思決定を反映させながら事業活動をいかに推進していくのかは、組織マネジメントの重要なポイントとなる。その一方で、介護保険制度導入以後は、介護サービス事業の比重が増加し急速に事務局組織が拡大し、併せて介護サービス事業による自主財源比率が高くなることで、事業経営を適切に行うことが求められるようになった。言い換えれば、理事会・評議員会を中心とした協議体としての協議機能を、事務局による事業執行機能といかにうまく結びつけて事業活動を展開していくかが社協マネジメントのポイントといえる。このことは、阪神・淡路大震災以後、地域福祉の総合推進をめざして広範な事業を展

開してきた市社協にとっても、大きな課題となった。

（1）住民主体を担保する理事会・評議員会を軸にした組織経営

　住民主体の運営を担保するための第1の条件は、執行機関である理事会と議決機関である評議員会が、協議の場、協働の場としてその機能を十分に発揮することである。しかし、実際の運営においては、その多くが充て職で人物本位の選任とはいかず、また、選出母体の都合によって短期で交替することや、開催頻度の少なさ、介護サービス経営から地域福祉推進、権利擁護関連等事業が幅広く、その全容を把握しにくいといった理由から、十分な機能を果たしているとは言い難い状況がある。いきおい、事業計画や予算、人事といった重要案件でも、事務局が完成された案を作成し、理事会、評議員会で承認を得るという形態が一般化している。同じ執行側でありながら、ボランタリーな色合いの強い理事会とプロ集団である事務局長を頂点とする事務局組織が一体化しておらず、往々にして事務局が主導的にものごとを進めがちになりやすい。

　以下、市社協の理事会・評議員会としてのこれまでの取り組みについて紹介する。

1）理事会・評議員会の構成、検討内容の変化
①揺籃期（1970年代後半〜1980年代）
　宝塚市では、行政のコミュニティ施策の遅れから地域福祉の取り組みが進まず、小地域福祉活動の組織化が遅れていた。しかし、もともと市民の意識は高く、市社協の理事会・評議員会においても、行政と違う立場で福祉を進めることについての議論が行われていた。特に、1989（平成元）年に行政から在宅福祉サービスの委託を受けるにあたっては、1987（昭和62）年から理事会に在宅福祉委員会を設置してその可否を議論し、理事会・評議員会で受託を決定した。折しも理事会で「社協は運動体なのか事業体なのか」とい

う議論が起こるなか、地域福祉を進めるためには市民の認知を得る必要があり、独立法人としての自主性を地域福祉推進の中に確保しながら、サービス事業も進めるという結論を出した。この在宅福祉委員会は、その後も配食サービスや緊急通報システムのあり方について検討を行い、順次行政へ働きかけて委託事業として受託実施していくことになった。

　また、この事業拡大に合わせて理事会の機能強化を図る必要から、1992（平成4）年には理事長、副理事長への報酬支払と担当理事制、常務理事制を導入している。

②阪神・淡路大震災復興、介護保険制度導入に伴う組織の見直し（1996年〜）

　阪神・淡路大震災後、これまで地域福祉推進事業への取り組みが進んでおらず、地域とのつながりが十分でなかったために、必要な災害救助、復旧・復興支援が満足にできなかったことが、市社協にとって大きな課題となった。加えて、この時期に2000（平成12）年の介護保険制度導入が決定したことにより、在宅福祉サービスを実施していることが住民に対して市社協の見える化につながらなくなることなど、現行計画では対応が難しい課題が顕在化した。このため、次期計画の策定時期を早め、1997（平成9）年度からの新たな地域福祉計画（第2次計画）を策定してこれに対応することを決め、策定作業に入った。特に、市場化される介護保険事業への参入については、協議体・運動体としての顔をもつ社会福祉協議会にはハードルが高く、理事会・評議員会の構成も含めて根本的な見直しを行う必要があった。そこで、1997（平成9）年度に理事を中心に「介護保険対策検討委員会（組織改編検討部会）」を立ち上げ、その下に行政・県社協・市社協の職員からなるプロジェクトチームをおいて検討を行った。

　その結果、理事会では事業体としての対応が可能な執行体制をつくるとともに、住民主体の協議体としての参加・参画の機能を高める評議員会を志向することとした。1998（平成10）年4月の役員改選に向けて、理事と評議員の兼務をなくすこと、理事は個人委嘱を基本として執行機関としての多様

性の強化を図ること、副理事長を2人から3人に増員し事業経営体制を強化すること、評議員の半数を7つのサービスブロックごとの住民代表として地域福祉の推進体制の強化を図ることを盛り込んだ理事・評議員選出のガイドラインを定め、これに則した対応を行った。併せて担当理事を中心メンバーとした経営会議を設置して、活動運営から事業経営への転換を進めた。

③総合化に合わせた理事会・評議員会の活性化

　2005（平成17）年には、経営体制強化のため、事務局職員の人事労務管理制度見直しや財務会計システムの見直し（2節に詳説）を行うことと合わせて、理事・評議員構成の見直しを行った。理事会は、組織代表者だけでなく組織に属さない学識経験者などの個人委嘱を拡大した。また、評議員会は自治会やまちづくり協議会など住民組織・福祉専門機関・当事者団体・関連分野団体・社会奉仕団体などからバランスよく選任するものとしている。

　2007（平成19）年度には、理事長の選任について、理事の互選による選出が担保できるようにその選任方法を明確化するとともに、理事会と評議員会の同日開催を改めて、理事会での協議内容を反映させた議案を評議員会に提案できるように改善した。また、評議員会の役割を見直し、単なる議決・承認機関でなく、活動計画や事業計画・予算の策定段階から協議を行い、その意見を案に反映させることで住民主体の協議体である社協の評議員会としての役割を担保した。当然、十分な協議ができるように理事会、評議員会の開催頻度を多くすることになった（図表35）。そして、これら一連の理事会・評議員会における動きは、市民の生活課題の発見・対応力を強化することにもつながっている。

図表35　理事会、評議員会の開催頻度の推移

	1999年度	2003年度	2007年度	2011年度	2016年度
理事会	5回	4回	9回	9回	7回
評議員会	5回	3回	4回	6回	6回

２）理事会と事務局の関係

　住民主体の協議体組織である社協が、民間に伍して事業経営を行いながら地域福祉を推進していくためには、理事会と事務局が緊密に連携していくことが重要となる。しかし、社会福祉協議会は、会長・理事長を頂点とした理事会と、事務局長を頂点とした職員組織である事務局が、事務局長を結節点にして上下につながっている不安定な形の組織である。それぞれの活性化を図りながら、全体として安定的な組織運営を行っていくことは難しく、いきおい事務局主導で進めるということになりがちである。前述したように、十分な情報提供や協議の機会がないまま、事務局の出す詳細な事業計画や予算案等の議案を十分な議論もなく承認するという状況を生むことになりやすい。

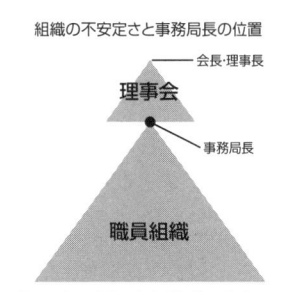

図表36
地域福祉の事務局としての社協基盤強化

組織の不安定さと事務局長の位置

会長・理事長
理事会
事務局長
職員組織

出典：滋賀県社協「地域福祉の事務局としての社協基盤強化」滋賀県社協基盤強化研究会報告2010.7　P6より

　宝塚市社協でも同様な状況にあったが、第４次計画を進める2007（平成19）年ぐらいの時期になると、住民による地域福祉活動の活性化やさまざまな協議の場の活性化によって、徐々に理事会・評議員会での議論も活発になり、事務局案を提示して承認を受けるという従来の方法では運営が難しくなってきていた。それに合わせてこの時期に行った理事・評議員構成の見直しや、開催頻度を上げる働きかけ、判断に必要な情報提供を十分行うという対応によって、協議の場はさらに活性化し、その結果、事務局の想定を上回るような協議結果を得ることが多くなった。当然、理事、評議員の社協事業への興味関心も高まり、事業活動の展開にもよい影響が出るようになった。

　会議運営にあたって事務局が留意してきたのは、出来上がった案を提示するのではなく、さまざまな角度から意見が出せるような資料作成、情報提供を心がけ、出された意見を集約して計画を具体化させていく手法と、どこまでも理事・評議員の力を信じるという姿勢である。これらは、中長期計画を策定しそれに合わせて実践を進めるという地域福祉活動を推進するコミュニティワークの手法とも一致している。

（2）社協事業における住民主体の意思決定プロセスづくり

　地域を基本にし、多様な組織代表からなる包含型の組織としての社協の存在は貴重であり、他の組織の追随を許さない部分である。これを基本に堅持しつつ、新たな資源であるNPOや市民活動者、事業者などともゆるやかに連携していく仕組みをもつことが求められる。具体的には、性格の異なるこれらのさまざまな参加者が互いの主体性を尊重しつつ、それぞれの事業や協働事業にその意志を反映していくような展開が考えられる。そのための「場」として、既存の理事会や評議員会に加えて、課題別や地域別の話し合いの場（専門部会、地区部会等）を設定し、その結果を広く伝えて、社協事業、それぞれの事業に反映させていくことが望まれる。

　市社協においても、第2次計画によって地域福祉の総合推進をめざすように大きく方向転換を行った後、多様な事業を推進するなかで、これまでの事務局主導から住民主導・当事者主導へと主体を転換する動きを、理事会・評議員会の変革のみならずさまざまな形で進めてきた。地域福祉推進事業にあたっては、地区社協を組織化せずに、まちづくり協議会の福祉部という住民の手によるコミュニティ組織主体の取り組みで進め、その支援プログラムについても、社協事務局側から具体的な内容を提示しないようにして住民の主体的な取り組みが進められるようにしてきた。また、事業の運営委員会があるものは、これを活用して住民や当事者の意思が事業に反映できるように努めている。本書の中では、ふれあい鹿塩の家の運営委員会の事例（4章3節参照）を取り上げているが、自主事業にとどまらず行政からの委託事業においても同様の取り組みを行っている。たとえば、障害者自立生活支援センターでは、当事者の意向を受けて運営委員会の委員の過半数が障害者となるよう要綱で規定し、当事者の意見が事業計画や予算案を通じて事業運営に反映されるよう担保している。また、地域児童館の運営委員会では、地域住民や地元の関係者の参画を得たことで、児童館事業への地域住民のさまざまな形の参加が生まれ、日常的な子どもの見守りに展開するなど、地域の子育て支援の力が向上することにつながっている。

そして、これらの動きが理事会・評議員会の活性化の原動力となっていった。以下に、住民の主体化に関連する2つの事例をあげる。

事例　ボランティア活動センターでの取り組み

ボランティア活動拠点が「ぷらざこむ1（ワン）」に移転し、ボランティアの自立的な運営に委ねられるなかで、事務局主導で行われてきた市社協ボランティア活動センターの助成金配分などの支援を、根本的に見直す必要に直面した。特に、ボランティア活動助成については、人数や活動頻度による従来の配分方法に、ボランティアから疑問が呈されており、2002（平成14）年7月にボランティア活動者や市民から成る「見直しワーキングチーム」をボランティア活動センター運営委員会の中に立ち上げ、3年にわたって50回を超える会議を行った。ワーキングチームでは、説明会やフォーラム、アンケートなどの方法でボランティアに問いかけ、その意見を集約して再び議論をするという手法で進めた。

その結果、2005（平成17）年度から「助成のきまり」をつくり、現在もボランティア活動者、市民が中心となる「運営委員会」「助成金配分委員会」の手で改正を加えながら配分が行われている。

（2章3節で詳説）

事例　共同募金委員会の改革

中央共同募金会が市民参加型の「市町村共同募金委員会」の設置を働きかけたことを受け、2007（平成19）年度にボランティア代表やNPO、当事者団体など、配分を受けて募金を活用するメンバーも委員に加えた。この委員会で「自治会や民生児童委員はいつも募金を集めるだけで、募金がどのように使われるのか理解しにくい。地域に配分されていることが実感できる配分にしてほしい」という意見が出され、「募金計画・配分計画の原案作成にかかるワークショップ」を実施した。このワークショップの結果をもとに事務局で募金計画・配分計画案をつ

（3）中間支援組織としての協議、協働の場づくり

　市社協の協議体機能を発揮する対象は、社協組織内に限定されているわけではない。さまざまな主体と協働して地域福祉を推進していくためには、中間支援組織として、組織外でも協議・協働の場づくりを進めていくことが求められている。住民主体、参加参画において地域福祉を進めるたいせつなポイントは、この場づくりにある。それぞれの生活圏域に、ゆるやかなネットワークを張りめぐらせていくためには、さまざまなところ（場所、拠点、機会）にさまざまな形（テーマ、プログラム）で、人が集まる「場」をつくることが必要になる。そして、それらをつないで具体的な生活課題の解決のための活動に結びつけていくことが重要である。宝塚市においては、自治会やまちづくり協議会福祉部が主体となって、社協がこれを支援する形で地域での協議の場づくりが進められている。また、介護保険事業者協会や民家型デイサービス連絡会等の事業者間の協働の場についても、行政の協力を得ながら市社協がその事務局機能を担っている。

　市社協にとって最も象徴的であるのは、以下でふれる「福祉のラウンドテーブル」である。本来社協内で開設する場だったが、肩書を外して誰もが参加できる場として、あえて組織外で運営し現在に至っている。市社協という組織の枠を越えて、地域福祉を進めるための事務局機能を担うということを考える意味で詳述してみたい。

1）福祉のラウンドテーブル —なぜ社協の外の組織としたのか—

　福祉のラウンドテーブルは当初、行政計画としてはじめて策定される宝塚

市地域福祉計画（2004 年度〜）を受け、民間側から地域福祉を推進するための「地域福祉推進計画（第 4 次計画）」を策定する市社協の計画策定委員会のワーキングチームとして組織化を進めた。市社協の第 3 次までの計画策定作業は、社協事務局を中心に社協内に作業部会を設定して進めることが当然であった。しかし、介護保険導入、ボランティア意識の高まりなどによって福祉サービスや地域福祉の担い手が多様化するなかで、「社協のみでなく、民間（当事者、住民、NPO、福祉事業者など）がつながりながら立てる計画とすべき」との思いから、あえて市社協の外で組織化することとした。誰もが参加できるラウンドテーブル形式を採用し、市民や NPO、事業者の参加のハードルを下げるとともに、肩書きを外した自由な個人の立場で議論する場と位置づけた。組織を背負った発言になりがちな理事会・評議員会との競合を避け、新たな仕組みや資源を生み出す自由な協議の場とするためでもあった。

　具体的には、自治会長や民生児童委員、福祉事業者、NPO 職員、行政職員、ボランティアなどの幅広い市民を対象に、地域福祉計画づくりをテーマにした地域福祉セミナー（2003 年 6 月実施）への参加を働きかけ、そのセミナー修了者を対象に手上げ方式で計画策定のワーキングチームへの参加を募った。セミナー参加への働きかけ時にメンバーに偏りが出ないように配慮し、組織化時には背中を押すなどの支援を行っている。

2）運営方法

　2003（平成 15）年、初回の委員会で、社協職員が事務局を担当するが社協内組織としない、個人の参加とし肩書を外して自由に発言する、会長や委員長は設けず座長が議論を進める、希望する委員によって運営委員会を開き議題等を設定する、月 1 回定例開催する、というルールを参加者の協議で決定してスタートした。定例会を数回開催した時点で、市社協の地域福祉推進計画策定だけに終わるのでなく、継続的に宝塚市の地域福祉について議論する場にすることを決め、名称を「福祉のラウンドテーブル」とした。

　運営方針として、「結果を急がずゆっくり話し合い、宝塚市の地域福祉の

将来ビジョンを考えていくという【ビジョン型】」であること、「話し合うなかで、取り組めるものから実施につなげ、1つでも具体的な活動が立ち上がるよう進めていくという【実現型】」という2点をあげ、現在も継続している。

　また、課題に対する解決手段として、行政や市社協の計画に対して提言を行ったり、メンバーの有志がその分野に関心のある人たちと協力してプロジェクト化を図るなどの対応が行われてきた。また、検討内容を広めるために、ニュースレターを発行配付するとともに、2005（平成17）年3月には、「これからの地域福祉を考えるフォーラム in 宝塚」を開催し、全国から参加者を集めた。

3）福祉のラウンドテーブルの協議内容と成果

　発足当初は、行政計画である地域福祉計画策定中（2004年3月完成）であったため、その内容に向けた提言を行うとともに、当初の目的である宝塚市社協の地域福祉推進計画への提言を行ってきた。また、ブロックを単位に策定されていた行政の地域福祉計画を、住民活動の単位である小学校区単位のまちづくり協議会で策定される「まちづくり計画」の地域福祉部分に反映させるべく、その手引書の策定や地区別開催の勉強会を行うなどの動きをとった。

　その後、母子家庭の事例検討から、支援プロジェクトを立ち上げて子育て支援グループを援助したり、一人の高齢者の地域での生活を守るために、ふれあい・いきいきサロンから NPO を立ち上げ通所介護や訪問介護の事業に取り組む動きを支援したり、取り上げた個々の事例を通じて、新たな資源開発や制度にとらわれない対応を行ってきた。そして、以後も医療連携や介護保険改正に向けた対応など、これからの地域福祉推進に必要な最先端の課題を、具体的な事例を入れて検討し、具体的な解決に向けた協働の場づくりをする取り組みを着実に積み上げてきた。しかし、メンバーの固定化等の課題もあり2016（平成28）年に一時活動を休止している。2017（平成29）年からの第6次計画において、共生社会づくりをめざす多様な分野の関係者によって構成される新たなラウンドテーブルが企画されている。

4）社協組織への波及

　2005（平成17）年10月には、福祉のラウンドテーブルがニッセイ財団助成事業の検討ワーキングチームを担い、プログラム提案などによって社協事業に積極的に関与した。このことが理事会、評議員会へ波及効果を生み協議の場が活性化し、事務局としての協議の場の運営方法を変えていくことになった。予定調和の会議が当たり前であった市社協の職員にとって、運営委員会へのかかわり、議論を引き出す資料の作成、会議を進める記録など、コミュニティワーク上でのたいせつな技法である協議の場の運営を学ぶ機会となり、他のさまざまな協議の場の運営がこの時期から変わっていった。

2節●開発性・採算性を両立させる事業経営

　従来、市区町村社会福祉協議会は、補助事業や委託事業等の公費財源をもとにした事業を、行政型の予算執行管理による手法で行ってきた。ところが、2000（平成12）年の介護保険制度導入による在宅福祉サービスの市場化に始まり、行財政改革による補助金の見直し・指定管理制度導入などが進むにつれて、市民のニーズに則し費用対効果を勘案して、採算が取れる事業経営を行うことが求められるようになった。つまり、長年行ってきた行政型の組織マネジメントを、根本から見直す必要に迫られたのである。

　一方、社会福祉基礎構造改革以後の制度の大きなうねりの中で、制度の狭間は揺れ動き、社協がその公共性・民間性を発揮して対応すべき新たな生活課題が次々と出てきた。住民主体で地域福祉を推進するという社会的使命を全うしながら、事業体としての経営を適切に行うためには、どのような組織マネジメントを行う必要があるのだろうか。

　宝塚市社協が全国的に注目されるようになったのは、介護保険制度施行にともなう事業体としての対応からであった。本節では、市社協の事業体としての組織マネジメントに焦点をあてながら、事業体と協議体・運動体をバランスさせて進める社協マネジメントのあり方をみることにする。

（1）介護保険制度導入時の対応

　1990年代に社協の見える化のために、在宅福祉サービス事業を拡大してきた市社協にとって、介護保険制度による在宅福祉サービスの市場化は、社協組織の存続にかかわる大きな課題となってのしかかった。阪神・淡路大震災後の事業見直しを行うこの時期に、介護保険制度導入による自主事業化によって組織運営から事業経営への価値の転換を迫られ、役職員がそろって社協事業のあり方（社協が事業を行う意味）を確認したことが、現在の市社協をつくる基礎となった。協議体・運動体としての社協の使命を果たしつつ、民間企業に伍して市民に選ばれかつ採算の取れる事業経営への転換を図り、事業体としての社協が成り立つ方法を模索して地域福祉の総合推進を志向したことが、その後の事業展開を生んだ。以下、その検討過程と対応を紹介する。

1）役職員による対応の検討 ── 運営から経営への転換 ──

　阪神・淡路大震災において地域福祉の遅れを痛感し、地域福祉の総合推進へ向かうために第2次計画の策定準備を始めた1996（平成8）年4月、介護保険導入に向けた国の老人保健福祉審議会の最終報告が出された。これまで事業の柱となっていた在宅福祉サービス事業も、根本的な見直しを行わなければ、組織経営が揺らぐ可能性が高いと判断し、第2次計画の策定作業と並行して、介護保険制度導入による在宅福祉サービスおよび組織全体への影響についての検討を行うこととした。

　早速、職員により公的介護保険プロジェクトチームを組織して、さまざまな角度から検討した結果、組織全体としてみると次の3点の深刻な影響が明らかになった。

①さまざまな事業体の在宅福祉サービス事業への参入によって、市民の市社協に対する認知が低下し、地域福祉を進めるにあたっても影響が出る。

②市場化される在宅福祉サービスの実施主体としての社協と協議体・運動体としての社協は、利益相反することが想定され並立が難しい。

③在宅福祉サービス事業自体での採算の問題に加えて、行政からの補助金や

会費・募金の減額が予想され、財源と人材の不足によって地域福祉推進事業の圧迫が想定される。

また、在宅福祉サービス事業としては、次の3点の課題が浮き彫りになった。

①協議体である社協の理事会と事務局という執行体制は、事業経営に適さないこと。

②長年の予算執行管理型の事業運営によって積み上げられた低い生産性と高い人件費率による低い採算性。

③提供側の都合が優先された消費者のニーズに対応していないサービスの質の低さ。

これらの検討結果を基礎に、翌1997（平成9）年度には、理事会に「介護保険対策検討委員会（組織改編検討部会）」を立ち上げ、その下に行政・県社協・市社協の職員からなるプロジェクトチームをおいて対応の検討を引き続き行った。その結果、①「社協とは何か」の問いに答え、在宅福祉サービス事業以外の社協本来の機能を高めていくことが必至であること、②在宅福祉サービス事業は、介護保険下で事業を実施する意義を内外に明確に示したうえで、徹底したコストの低減と利用者本位のサービスへの転換を行うことが事業継続の必須条件であること、③総合的にサービスを展開していくために、在宅介護支援センター、訪問看護ステーション、人材育成等の新規事業の実施を検討すること、④役員体制と職員体制を事業経営と協議体部分の2つの側面から見直し再編成することを、打ち出した。

このうち、①の地域福祉推進体制を整備し地域福祉の総合推進への転換を図る部分については、第2次計画に対応を位置づけ（1章4節）、地区センター・地区担当ワーカーを設置して地域福祉推進事業に本腰を入れることや（2章1節、3章に詳説）、権利擁護事業への展開（5章2節に詳説）につながっている。また、④の役員体制の見直しについても、6章1節で詳説している。本項目では、事務局を中心とした在宅福祉サービス事業の対応に焦点を当てて紹介する。

2）在宅福祉サービス事業の対応
―コスト改善とサービスの質の向上―

在宅福祉サービス事業については、「社協が介護保険下で福祉サービスを実施する意義」（167頁資料参照）と「サービスの提供理念」を示し、社協の使命である地域福祉推進に向けた必須の事業として積極的にこれに取り組むことを確認し、事業を継続するために不可避な以下の対応を行った。

①コストの削減

想定報酬の倍近い費用がかかっている事業（デイサービス）もあり、コスト削減は大きな課題となった。コストの大半（8割～9割）は人件費が占めているが、今後の事業展開のために減員や処遇の引き下げを行わないという前提で、出来高を向上させる取り組みを行い相対的にコストの改善を図る方法をとった。また、出来高の向上にあたっては、今後の利用者ニーズに対応した事業拡大を図るよう、アンケートや聞き取りによる調査を行い、時間延長や営業日の拡大（365日営業等）、重度の利用者への対応などに取り組んだ。デイサービスにおいては、ホリデイサービス（土日祝日の営業、1998年度開始）、サテライトデイサービス（出前事業、1997年度事業開始）、1日あたりの利用者数の増加などに取り組み、大幅な実績増を実現した。

また、ホームヘルプサービスでは、重度の利用者に対応できるよう巡回型介護事業を開始（1997年度より）して、報酬単価の増額を図った。加えて、採算性が低く、民間の積極的な参入が望みにくい家事援助部分への対応に備えて、登録制ヘルパーの就業規則を整え、雇用関係を確立して雇用の安定化と処遇の改善を行い（1997年度）、介護保険下でも登録制のよいところを残した形で事業ができる体制をつくった。

これらの改善に、3年間の年次計画で目標設定して取り組み、介護保険法施行時点でぎりぎり採算が取れる状況となった。

デイサービス事業　年間利用者数、1日あたり利用者数の推移

		1996年	1997年	1998年	2000年	2007年	2013年
事業実施日数	安倉デイ	240日	242日	361日	365日	365日	365日
	光明デイ	241日	242日	361日	365日	365日	365日
年間延べ利用者数	安倉デイ	5,225人	5,980人	7,568人	9,222人	10,965人	8,662人
	光明デイ	5,462人	6,195人	8,323人	8,417人	10,851人	9,423人
1日平均利用者数	安倉デイ	21.8人	24.7人	21.0人	25.0人	30.0人	24.0人
	光明デイ	22.7人	25.6人	23.1人	23.0人	30.0人	26.0人
1人1日あたりのコスト	安倉デイ	￥16,500	￥15,390	￥10,699	￥7,928		
	光明デイ	￥13,300	￥11,900	￥10,188	￥9,309		

※注1「1人1日あたりのコスト」：間接経費含まず

ホームヘルプサービス事業派遣時間・派遣回数の推移

	1996年度	1997年度	1998年度	2000年度	2007年度	2013年度
登録ヘルパー数	151人	133人	118人	110人	99人	94人
派遣世帯数	550世帯	668世帯	644世帯	403世帯	341世帯	324世帯
派遣回数	31,280回	37,541回	46,252回	44,442回	53,647回	51,478回
派遣時間数	56,782時間	56,162時間	59,013時間	66,617時間	58,295時間	47,999時間
1回あたりの派遣時間	1.82時間	1.50時間	1.28時間	1.50時間	1.09時間	0.93時間
ヘルパー1人あたり派遣時間数	376時間	422時間	500時間	606時間	589時間	511時間
ヘルパー1人あたり派遣回数	207回	282回	392回	404回	542回	548回

②サービスの質の改善

　措置制度のもとで、選択する余地がない利用者を相手に事業を行ってきた職員にとって、コストの削減よりも大きな課題であったのはサービスの質の向上であった。「感謝から満足へ（利用者に感謝してもらうのではなく満足してもらう）」を目標に、各職場で話し合いを繰り返して、さまざまな取り組みを進めた。ホームヘルプサービスでは、ヘルパー間の仕事の格差をなくし、利用者にサービスのレベルを保証していくために、作業標準の作成に取り組んだ。これまで、仕事の標準化についてはサービスの画一化につながるとして、積極的に取り組んでこなかった。その結果、ほぼ同じような状況でありながら、担当するヘルパーにより、また利用者の要求の度合いにより、サービスの内容やレベルが大きく異なるという状況になっていた。2年間を

要したが、自立支援と顧客満足とのバランスを見ながらもサービスを標準化した。登録制ヘルパーも含め全体でこの一連の取り組みを行ったことが、サービスレベルの底上げ、質の向上につながったと確信している。

デイサービスでは、1日あたりの利用者の増加と非正規職員の増加によるサービスの低下を防ぐべく、役割分担、仕事の流れの見直しを行うとともに、画一的なプログラムの見直しに取り組んだ。利用時間帯や送迎時間、プログラムの個別化を打ち出して取り組みを行ったが、集団処遇から個別処遇への脱皮は十分とはいえない状況であった。数字で結果の把握できるコスト改善は、年次計画に従って着実に進んだが、効果の確認が難しい質の改善については、社協の使命と照らした十分な結果が出ているとは言い難い状況で、継続した取り組みが必要であった。

③事業展開

エリア内で総合的な事業展開を進めるということで、要となる在宅介護支援センター（1997年度から標準型1か所・第1地区、1999年度から単独型1か所・第4地区）を受託した。また、1998（平成10）年度には、行政が直営で行っていた事業を引き継ぐ形で訪問看護事業を開始し、巡回介護型ヘルパーと合わせて包括的な援助が可能な体制づくりを進めた。

一方で、訪問入浴介護、介護機器の貸し出しの事業については、コストとサービスの質を考慮して介護保険での事業は行わず、制度の対象外となる利用者に的を絞った事業として継続していくこととした。

3）兵庫県社協・全社協との協働による対応

宝塚市社協単独で対応検討するには手に余る内容が多く、また国や県レベルでの情報収集やソーシャルアクションのためにも全国社会福祉協議会（以下、全社協）、兵庫県社協レベルでの対応が必要と判断し、検討開始当初から、並行して働きかけを行った。兵庫県社協は、早速働きかけに呼応して、都道府県社協としてはいち早く1996（平成8）年11月に、公的介護保険に関する社協対策検討委員会を設置し、県内の市町社協からも職員の参画を得

て検討を進めた。社協としての事業を行う立ち位置を明確にしたうえで、サービスの質の改善、コスト低減への提案や社協の事業経営に向けた組織体制整備、事業ごとの契約書原案の作成、事業用保険の開発等に先駆的に取り組み、県下の市町社協の介護保険事業参入に大きな後押しとなった。

　また、県社協を通じて全社協へも働きかけ、全社協のモデル事業である経営改善コンサルティング事業によって社会保険労務士、公認会計士による現況調査と改善への方針提案を受けることができた。半年に及ぶ調査と足かけ２年のコンサルティングによって、市社協事務局は組織として未整備で、共通業務が集約されていないこと、事業別に収支を見て事業全体を把握できる会計システムが確立されていないこと、人事管理システムの未成熟など、収支差が出る事業を行うにはまだ多くの課題があることが明らかになった。これらの指摘は、2004（平成16）年以後の事務局機能強化の取り組み（163頁参照）につながっていく。

４）協議体・運動体としての取り組み —協議・協働の場づくり—

　介護保険制度導入への対応については、事業体だけでなく、協議体・運動体としての対応を合わせて行っている。ここでは、利用者、市民への制度理解や使いやすい制度となるような運動体としての働きかけと、事業者間の協働の場づくりを紹介する。

①介護保険を考える市民30人委員会による行政への提言

　社会福祉分野において、大きな制度改正となる介護保険制度の導入に際して、市民の意見をその事業計画に反映させるべく協議の場づくりを行った。1998（平成10）年度、社協事業への影響と対応を検討する際に確認できた市民にとっての課題を市民に広く知らせ、市民にとって使いやすい制度となるよう働きかけを行っていく機会として、３回シリーズの社会福祉セミナーを開催した。

　この参加者の中から検討を深めたいという委員を募るとともに、サービス利用者およびその家族、現在サービスを必要としていない高齢者、自治会

やまちづくり協議会の代表、民生児童委員、福祉専門機関（行政、社協、保健福祉サービス公社）などに参加を呼びかけ、30 人の市民よる「介護保険を考える市民 30 人委員会」を組織化した。3 回にわたる検討の結果、要介護認定で非該当となった人への対応や要介護認定の公平性の確保、低所得者対策、サービスの質の担保、市民への制度の周知などの課題を提案書にまとめた（1998 年 12 月）。市介護保険事業計画策定委員会に市社協代表委員を通じてこの提案書を提出し、介護保険事業計画の中に反映されている。

②介護保険事業者協会の組織化

在宅福祉サービスを市場化する介護保険制度によって、社協も事業者としては他の社会福祉法人や民間企業と同じ立場に立つことになる。競合相手という関係しかない状況では、地域内での福祉課題の解決に向けて協働する働きかけすら難しい状況になるのではないかと懸念された。このために、介護保険制度への対応と並行して、事業者間の横のつながりづくりを模索した。

折しも、制度施行直前になると事業者の側から、「行政からの情報が十分に入ってこない」「ケアマネジャーが疲弊しているので他の状況を知りたい」などの話が出てくるようになっていた。加えて、行政も情報が速やかに事業者に流せる枠組みがあることや、サービスの質の担保のために事業者の組織があるほうが望ましいとの考えを示し、三者の利害が一致した。

2000（平成 12）年 5 月、行政と市社協が呼びかける形で宝塚市介護保険事業者連絡会がスタートした。1 年間連絡会を継続実施し、2001（平成 13）年 7 月には宝塚市介護保険事業者協会が正式に発足、市社協がその事務局を務めている。現在は、約 300 の事業所（市内で介護保険事業を行う事業所の 8 割以上）が参加、事業種類ごとに 6 つの部会に分かれて、定例会での情報共有や研修事業に取り組んでいる。加えて、市民向けの介護に関する啓発事業や事業者選択に役立つホームページ運営を行うまでになった。

③ケアマネジャー連絡会の組織化

介護保険制度に伴って新たにつくられた専門職であるケアマネジャー（介

護支援専門員）は、制度スタートの前後は専門職としての業務が確立しておらず、業務過多になっていた。特に人数が少ない事業所のケアマネジャーにとっては、相談する相手もない手探り状態が続いており、疲弊している様子が伝わってきた。

このために、2000（平成12）年7月、介護保険事業者連絡会を通じて市社協が呼びかけてケアマネジャー研修会を開催し、ケアマネジャーの意見を集約して、経験や力量の不足、事業所内での相談相手の不在、情報不足などの課題を導き出した。これらの課題に対応すべく、同年9月にはケアマネジャー連絡会を組織化し、研究者の参加を得て月1回の定例会を行い、グループワークによる意見交換、ケース検討、情報共有を進め、行政も交えて1年がかりで課題の解決を図った。

2001（平成13）年には、ケアマネジャー個人参加のケアマネジャー協会と、事業所単位で参加する事業者協会のケアマネ部会に発展的に解消し、それぞれの団体が現在も継続して活動を行っている。

（2）事務局組織体制の強化
人事労務管理制度、財務会計システムの見直し

介護保険制度導入への対応で、1997（平成9）年から行った全社協経営改善コンサルティングモデル事業で指摘を受けていた事務局組織体制の強化については、1999（平成11）年度に総務部門と地域福祉推進部門を分離し、ラインとスタッフの区分を明確にすることにとどまっていた。職員の資質向上のための人事労務管理制度の見直しや、管理会計に対応できる財務会計システムの改善については、対応に時間がかかることと専門的な知識が不足していたこともあり、当面は先送りした形になっていた。

しかし、介護保険制度施行後3年を経過し、民間参入が活発になって競争が激しくなり、障害福祉分野も支援費支給方式へ移行、行財政改革による補助金の見直し、総合福祉センターや老人福祉センター、児童館などの管理運営委託事業の指定管理制度への移行の動きがでてくるなかで、事務局の経営

体制強化の具体的な対応が急がれる状況となっていた。このため、2004（平成16）年度に、人事労務管理制度と財務会計システム刷新に向けた検討を行った。

1）人事労務管理制度の刷新

2004（平成16）年6月に係長クラス（現場責任者）によるプロジェクトチームを設置して、これまでの人事管理制度の問題点を検討した結果、次の課題が明らかになった。

○基本的な枠組みが行政モデルを踏襲しており、事業を行ううえで望ましい職員像が示されていない。

○給与制度は年功給制で、成果が処遇に反映されない。

○雇用形態が複雑で、必ずしも処遇と業務内容が一致していない。

○体系だった人材育成制度がなく、現場教育にゆだねられている。

これらの課題に対応するため、ワーキングチームを組織して、コンサルティング業者と共同作業で新たな人事労務管理制度の案づくりを行った。この際に確認された基本的なスタンスは以下のとおりである。

○必要で有能な人材を確保し、定着を図ることができる制度づくり

○職員のモチベーションと能力開発を促進することができる制度づくり

○年功的な要素だけでなく能力や貢献度に応じた処遇ができる制度づくり

○基準を明確にし、合理的で公平感のある処遇を実現できる制度づくり

○サービスの質の向上と効率性の確保に貢献できる制度づくり

職員へのアンケート調査などを行い、宝塚市社協におけるそれぞれの職種、役職ごとの望ましい職員像を明らかにし、格づけ、昇格の条件を明確にして職員との合意をつくっていった。2005（平成17）年度には就業規則、給与規定を改正し新制度に移行した。

新たな人事労務管理制度は、従来の公務員型から民間企業に近い形に大幅改定された。業務・目標管理制度と育成面接に職員研修を体系化させて人材育成の仕組みをつくり、職群資格等級制度・人事考課制度を取り入れた評価システムを導入し、これらが給与・賞与や昇格等の処遇と結びつくようにし

て人材育成を図ってきた（図表38）。

図表38　評価、育成・活用、処遇の一体的運営

トータル人事管理制度の確立

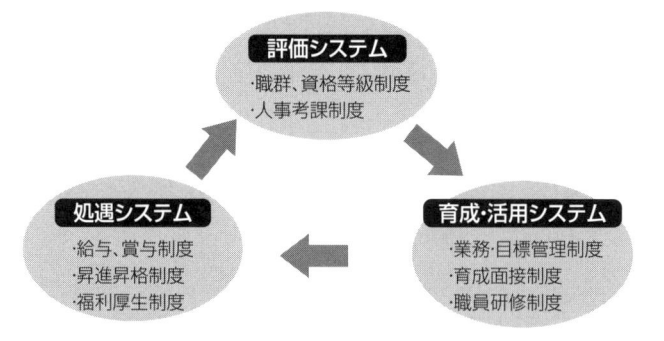

2）経理・財務会計システム改善

　全社協のコンサルティング事業では、事業別に収支を見て事業全体を把握できる会計システムが確立されていないことが、人事労務管理制度の課題と合わせて指摘されていた。そのため、2004（平成 16）年に、監査法人にコンサルティング業務を依頼し、事業管理、財務会計に関する調査を実施し現状の分析を行った。その結果、以下のような課題が提起された。

　○実費精算型の事業と出来高制の事業とが混在しており、評価のあり方が統一できていない。

　○事業規模、事業展開に合わせた経理システムとなっておらず、処理が適宜、適切に行われているとは言い難い。

　○管理会計に対応しておらず、経営分析を行うのには情報が不足している。

　適切な経営判断を行うためには、事業の成果評価の指標を明確にして実績管理を行うとともに、コスト管理を事業ごとに行い、その成果に対して、人件費も含めたコストが適切かどうか、常に確認できるシステムにすることが不可欠である。これは、市民の側から見て市社協の行っている事業が本当に

有効かどうかを、判断できるようにすることにもつながっていく。監査法人の提案に基づき具体的な対応方法を検討し、会計制度を刷新して管理会計に対応できるようにすること、各部署からオンラインで操作可能な新たな財務会計システムを導入し、常に最新の財務会計状況が把握できるようにすること、財務会計システムでの管理に合わせて、目標の数値化と実績管理を行うことなどを決定し、2006（平成18）年度から運用を始めた。

（3）日常生活圏域での総合化に向けた事務局組織改編
—エリア担当制の導入—

　介護保険制度の導入後、事業体として事業をより効率的にかつ質の高いものにするための取り組みを進めた結果、事業の縦割り化が顕著となった。事業管理を容易にするために、業務に合わせて組織を専門分化させてきた結果である。

　しかし、この専門分化は、職員に組織総体の社会的使命とアイデンティティを見失わせ、事業の自己目的化を引き起こした。そして、これが社協組織とその職員を住民から見てわかりにくいものにする要因ともなっていた。住民と協働して地域福祉を進めていくためには、日常生活圏域において、総合的に生活の支援ができる横割りの組織に再編する必要が出てきていた。

　2010（平成22）年の第5次計画の策定に当たっては、地域ごとに住民と協働して課題に対応できるような体制を多層なエリアで設定する、重点プロジェクトを構想した（1章4節　図表8参照）。そして、その重層化した重点事業を実施するについては、基盤となる社協組織の根本的な見直しが必要であることを、計画策定の過程で確認していた。第5次計画がスタートした2011（平成23）年度早々に、社協役職員による社協基盤強化検討委員会を立ち上げ、計画実現のための組織体制について1年間かけて検討した。

　その結果、2012（平成24）年4月から「ニーズを断らない、制度の隙間をつくらない総合支援体制を住民とつくる」ことを理念としたエリアチーム制の導入を提案した。理事会・評議員会では、ここまでに社協組織の縦割り

が再三問題として取り上げられており、この改革については理事、評議員からは早々に賛同が得られた。一方で従来の仕事のやり方が根底から覆ることが予想される職員側からは、「責任の所在が不明確になる」「中間管理職の負担が大きすぎる」「事業効率が悪くなり採算が悪化する」などのさまざまな形で反対があり、実施に向けた具体的な協議が進まなかった。そこで、大改革のためには「トップダウンで機構改革し、ボトムアップで動きながら実体をつくる」ことを決断し、予定通りにエリアチーム制をスタートさせた。その具体的な内容については、3章2節で詳説している。

<≪資料≫

宝塚市社協介護保険対策検討委員会第2回中間まとめ（1998年）より

I　社協が介護保険下で福祉サービスを実施する意義

　介護保険制度の導入により在宅福祉サービスの分野が市場化され、民間企業も含めた競争が予想される。その中で本来事業体ではない宝塚市社会福祉協議会が、あえて在宅福祉サービスを継続実施していこうとしているのは、社協本来の目的である「住民主体の福祉コミュニティづくり」を進めていくうえで次の意義を認め、他の供給主体ではこれらの役割が果たせないと考えるからである。

（1）福祉コミュニティづくりに向けた社協活動を推進するため

　地域の福祉力を高めて、だれもが安心して暮らすことができる「住民主体の福祉コミュニティづくり」を推進していくことが、社協の使命であり組織目標である。それを実現するためには、協議体としての組織化活動や啓発活動、連絡調整機能を充実するとともに、次のような目的をもって具体的な援助活動である専門的サービスの提供をしていく必要がある。

①他の供給主体との連絡調整機能を維持していくため

②より高いレベルをめざした新規サービスや事業、活動を開発するため

③市民の認知を得るため

④当事者の組織化を進めるため

（2）専門サービスと市民の地域福祉活動を結び付け、総合的な生活支援（地域ケア）を実施する

利用者を中心にした総合的な生活支援を可能にし、QOL を高めていくために、フォーマルなネットワークとインフォーマルなネットワークを結び付け、専門サービスだけでなく当事者、家族、近隣の住民、ボランティア等も含んだ地域ケアシステムを構築する。

（3）利用者や市民が参画できるサービス事業運営を行う

ニーズに対応し顧客満足を得ることで利益を追求する消費型のサービスでなく、事業運営に利用者や市民が参画し、市民の手による、利用する側にとって使いやすい、採算だけにとらわれないサービスを実施していく。

（4）自立支援の視点でのサービスの質のスタンダードを示す

ニーズを満たすサービス、顧客満足を引き出すサービスは、市民に選択されるよいサービスといえるが、自立支援という福祉サービスの基本理念に照らすと、必ずしも全部が望ましいものであるわけではない。顧客満足だけでなく、サービスの実効性をも含んだサービスの質の標準を示し、サービスの消費者である市民の評価基準の形成につなげていく。

（5）行政の補完

民間事業者では対応が難しい、介護報酬では手がかかりすぎて採算のとれないケース、危険をともなうケース、自立と認定されるがサービスを必要とするケースへの対応を、公的な性格をもつ住民機関として行う必要がある。

①低所得者層への対応

②困難ケース対応

③不採算ケース対応

④自立と認定されるボーダーライン層への対応

（6）ニーズの早期発見、早期対応

早期に具体的介護ニーズが入ることにより、フォーマル、インフォーマルを含めた地域ケアシステムが早期にはたらき対応することができる。

3節●地域福祉の開発機能を発揮するエリアマネジメントと行政とのパートナーシップ

　地域福祉の推進を目的とする団体である社会福祉協議会の組織マネジメントでは、住民主体を担保しつつ、地域福祉実践の4つの機能（1章2節　図表2参照）である、①地域福祉への住民の参加・参画機能、②地域自立生活の相談支援機能、③地域ケアの開発・推進機能、④地域ケアシステムを促進する機能、をバランスよく拡大していくことが求められる。しかも、これらの機能を相互に連携させながら、社協内にとどまらない幅広い協働の場をつくり、問題の解決に向けた仕組みづくりを複合的に進めることが必要である。

　地域福祉の総合推進を志向した1章〜5章の宝塚市社協の実践を振り返りながら、地域福祉の開発機能を発揮する社協マネジメントの視点で振り返り、要約してみることにする。

（1）エリア設定と場づくり

　地域福祉実践の4つの機能を住民主体で進めていくためには、住民・当事者が参画するための仕組み（話し合いの場、活動の場、地域ケアの場）を、生活圏の中でつくっていくことが不可欠になる。この動きの中で特に注意が必要なことは、その場合のエリアの設定を専門職の側に引きつけて決めてしまわないようにすることである。

　市社協では、地域福祉活動支援におけるエリア設定や支援の枠組みについて、住民の働きかけや状況に合わせて柔軟に対応してきたことが、地域福祉活動を定着させてきた大きなポイントとなっている。そして、その多様なエリア設定を整理して構造化したのが、第5次計画に位置づけられた4層構造の重点プロジェクトである（1章4節　図表8）。

1）住民活動に合わせたエリア設定と活動展開

①地域福祉活動の展開とエリア設定

　市社協で、1980 年代後半に最初に小地域福祉活動に取り組み始めたとき
の活動単位は、自治会範囲であった。200 以上もある自治会を対象に、当時
兼務体制で 2 人程度であった地域福祉担当職員がいくら動いても十分な対応
はできず、取り組みは遅々として進まなかった。しかし、1993（平成 5）年
に行政がコミュニティ施策として概ね小学校校区単位のまちづくり協議会の
組織化を打ち出すなかで、小学校区でのプログラム助成事業（福祉コミュニ
ティ支援事業）を開発し、地域福祉活動実施への働きかけを進めた。阪神・
淡路大震災という地域での活動を活性化する大きな後押しもあり、6 年後の
1999（平成 11）年には 20 のまちづくり協議会すべてで、ふれあい交流や学
習などの福祉活動への取り組みが行われるようになった。

　その後、見守りやささえ合いの活動、災害時要援護者避難支援の活動の取
り組みを進めるなかで、小学校区ではエリアが広すぎて個々の状況が把握で
きず、うまく進まないことがわかった。そこで、これらの活動は概ね自治会
を範囲として取り組めるように、新たな支援プログラム（自治会地域見守り
支援事業 2007 年〜）を開発して支援を行っている（2 章 1 節に詳説）。

②活動の場と話し合いの場の連動

　地域福祉活動が住民主体で展開していくためには、活動の場と合わせて話
し合いの場をつくることが必須の条件となる。地域福祉活動を支援する市社
協のプログラムでも、小学校区の活動を支援する福祉コミュニティ支援事業
には校区ネットワーク会議を、自治会範囲での見守りやささえ合い活動を支
える枠組みには地域ささえあい会議を合わせて運営支援をしていく仕組みと
している。地域で取り組まれる具体的な活動内容については、詳細は示さず
住民の主体的な決定に委ねることを徹底している市社協の地域支援プログラ
ムの中でも、話し合いの場だけは明確な提案として取り組みを推奨している。
これは、話し合いの場がなければ、地域の生活課題の共有や課題への対応の
検討の場が確保されず、住民による主体的な活動の展開が起きないことによ

る。活動の場と話し合いの場の連動ができてはじめて PDCA のサイクルを生み、活動が展開していくのである。

　時間の経過とともに地区担当ワーカーが入れ替わり、その間の引継ぎがうまく行われていないと、支援の枠組みが形式化され、決められたプログラムを地域福祉活動として実施してもらうことが仕事となりがちである。地区担当ワーカーや住民とかかわるワーカーは、支援プログラムを行うことが自己目的化しないような配慮が必要である（3章1節に詳説）。

2）エリア支援体制

①7地区への地区担当ワーカー配置とワーカー養成（3章1節）

　1998（平成 10）年、7つのブロックごとに社協地区センターを開設し、地区担当ワーカー（正規職員）を配置して、まちづくり協議会単位の地域福祉活動を支援することを決め、第2次計画への位置づけを行うのと並行して順次配置をスタートさせた。

　地区担当ワーカーは、地域福祉推進の要の役割を担うために幅広い知識と経験が必要な業務であるが、7人のワーカー全員の質をそろえて配置することは難しく、加えて地区センターへの単独配置としたことで、さらに力量の差が広がることになった。2年ほどで、住民側からワーカー交代の苦情が出るまでになり、ワーカーの力量を底上げすることが急務となった。これまで行っていたコミュニティワーカー研修を大幅に見直し、研究者と開発した事例検討方式の研修を業務と位置づけて定例で行うこととした（第4次計画に位置づけ）。併せて記録の様式と報告方法の見直しを行い、上司による日中の動きの確認とスーパーバイズができる対応をとるとともに、ひとり職場とならないように配置場所を見直すことで対応した。

②個別支援への対応

　地域福祉活動が活性化するにつれて、住民の課題発見力は高まり、住民とともに動く地区担当ワーカーのところに、制度で対応できない複合的な課題を抱えたケースの相談が入るようになった。複雑な個別ケースの対応に時間

を割かれ、地域での活動を支援する時間が圧縮されることになる。このため、安心生活創造事業（国庫補助事業）を活用し、制度にとらわれずに動く個別支援ワーカーとして地域福祉コーディネーターを武庫川右岸、左岸にそれぞれ１人ずつ配置して対応をとることとした。併せて、エリアチーム制によって対応可能な地区については、ケアワーカーや相談支援ワーカーが制度で対応できないケースについても対応することで、個別支援を行っている。

　国庫補助事業の収束に伴い、2015（平成27）年度以後は、制度で対応できないケースへの対応については、生活困窮者自立支援事業によるせいかつ応援センターを中心に組織全体で対応している。

3）地域共同ケアの場づくり（4章）

①地域ケアの場として

　2005（平成17）年８月、住民と専門職が制度にとらわれない事業を協働して行う地域ケア拠点のモデルとして、小規模通所介護事業（民家型デイサービス）ふれあい鹿塩の家を開設した。地域との共同ケアの場、地域の福祉力を高める場の実践モデルとして設定した。制度にとらわれずに、地域で生活の継続を支える優れたケアモデルとして宅老所を研究するなかで、地域の中での関係性の重要性に気づき、住民との共同ケアに取り組んだ。まさに、地域福祉を推進する住民主体の協議体である社協だからこそ可能なケアモデルだと考えている。介護保険制度を活用して通所介護事業として報酬を得ることで、ひと（専門職）、もの（拠点となる家と設備）、かね（運営資金）を確保し、住民が主体となった総合的な生活支援を行うことを可能にしている。

②地域共同ケアを可能にするマネジメント

　この地域共同ケアを行ううえでの一番のポイントは、住民に委ねた部分は徹底してそれに従うという専門職側の姿勢である。運営委員会で、社協としての方針を問われることがたびたびあったが、運営委員会の決定に従うという回答を繰り返している。採算の面での責任は社協が組織的に対応するが、それ以外については運営委員会に委ねている。これは、現場のケアワーカー

の姿勢も同様である。ただ、運営委員会の支援はケアワーカーだけでは難しいため、当初から地区担当ワーカーが入って住民主体の話し合いの場を運営する支援（議事録の作成支援や資料提供等）を行っている。

　また、ケアワーカーの側は、地域の一員として住民の言うことを断らず受け入れる対応を徹底してきたことと合わせて、十分説明して対応を理解してもらえるような取り組みを行ってきた。この粘り強い対応が、住民の気づきを生み、積極的なかかわりを引き出してきたといえる。

（2）計画と地域ケアシステム（セーフティネットシステム）づくり

　市社協の実践の大きな特徴は、計画に基づく実践の展開である。兵庫県社協の指導に従い、これまで6期にわたって計画を策定し、これに則した事業を展開してきた。それぞれの計画が次への大きな方向を示し、また、エリア設定のところで述べたように、計画に基づく実践の結果を次期の計画に反映させながら、展開を進めてきたといえる。

1）計画に基づく事業推進　（1章5節　図表9参照）

　施策を計画に位置づけることで行政を説得し、事業を前に進める原動力としてきた。特に第3次計画までの行政計画が策定される以前は、市社協の地域福祉計画がこれを代替し、行政職員も参加して全市をくるむ計画として、策定し実施してきた経過がある。

　特に第2次計画では震災後の復興をめざし、社協地区センター、地区担当ワーカー配置や在宅福祉サービスの役割分担を打ち出し、行政の理解と支援を得てこれを実現してきた。これが、現在の市社協の体制の基礎をつくる計画となった。第2次計画の延長版である第3次計画に続いた第4次計画は、行政の策定した地域福祉計画を受け、これまでの地域福祉実践を整理して、日常生活圏域での地域福祉推進の支援体系を打ち出し、第5次計画の4層構造の重点プロジェクトを生み出す役割を果たした。

2）重点プロジェクトからセーフティネットシステムへ

2010（平成22）年度の市社協の第5次計画の策定委員会では、制度の狭間や縦割りによる問題への対応と、社会的孤立に対応する早期発見早期対応の仕組みの構築が課題としてあげられた。また、理事会、評議員会においても次期計画に対し、課題解決に向けての住民と行政、社協の協働する場を住民に身近な所でつくる必要があるという提案がなされた。これらの意見を基礎に、全市、7地区、20小学校区、自治会という4つのエリアを設定して、それぞれのエリアごとの課題解決に向けた公私協働の話し合いの場をつくることを第5次計画の重点プロジェクトとすることとした。

そして、2011（平成23）年3月、重点プロジェクトとしてこの4層構造のセーフティネットシステムを位置づけた市社協の第5次計画の策定が完了した。また、1年遅れて2012（平成24）年3月に策定された宝塚市の地域福祉計画（第2期）にもこのセーフティネットシステムが位置づけられ、地域福祉施策として動き出した。続く市社協の第6次計画ではこれを一歩進め、4層ごとの協議の場をつないで、市内の知恵を集結して解決に向けた協働をつくりだす循環型のささえ合う仕組みとして提案している。

（3）行政とのパートナーシップ

社協組織のマネジメントを進めていくなかで欠くことができないのが、行政との関係である。社協組織はその成り立ちからして当該行政とは切っても切れない。財政面で見ても、特に地域福祉推進に関連する事業については他に収入の目途がなく、行政の補助金に依存せざるを得ない場合が多い。また、社協組織を大きく伸ばした在宅福祉サービス事業についても、介護保険以前は行政からの委託事業で取り組まれていた事例がほとんどであろう。それ以外の事業についても、多くが行政からの補助、委託、指定管理の枠組みの中で行われており、それに付随して、多くの社協で常務理事や事務局長を筆頭に、管理監督職として行政のOBや出向者を受け入れている。

1）財政面・人事面での関係

　宝塚市社協においても、財政状況については大きく変わるところはなく、介護保険・障害福祉サービス事業が総収入の約5割を占め、続いて委託事業・指定管理事業が3割強、次いで補助金が1割弱という構成である。介護保険・障害福祉サービス事業も公費が財源ととらえれば、9割以上を行政からの収入に依存している。行政が最大顧客であると常々言う所以である。今後も大きくこの状況が変化することはないと考えられる。さらに、介護保険事業で一定の収支差を確保し続け、組織運営費や制度の狭間に対応する事業の費用などを生み出し、現状のバランスが崩れないように保つことが求められる。

　一方、人事面については、宝塚市が1998（平成10）年頃より、外部団体からの市職員の出向、OBを引きあげる方針を打出し、市社協に対してもこれに準じて、暫時出向者やOBを減員しながら、社協プロパー職員による自主運営への道をつくり、現在ではそれを実現している。大きな方針に基づいている動きであり、今後もこの状況が継続していくと思われる。

　一般的に、常務理事、局長などのトップマネジャークラスに、行政出向者やOBを受け入れ、短いスパンで交代することへの批判が聞かれる。しかし、民間企業ではマネジャークラスが変わることはめずらしいことでないし、責任者が変われば仕事のやり方が変化するのは当然のことである。ただ民間企業では、そのことが部下の目標達成ができないことの言い訳にはなりえない。社協の組織マネジメントとして押さえておく必要があるのは、職員各自が自組織である社協での自分の仕事の結果に対して責任をもつことを徹底していくことである。

2）事業面での関係

　市社協はこれまで、委託事業や補助事業の積極的な展開によって、行政との信頼関係を培ってきた。古くは、ヘルパーや緊急通報システム、配食サービス等の受託に当たって、下請け化とならぬよう役職員で検討を行って市社協側から事業の枠組みを提案するなどの対応を行ってきた。直近でも、高齢者・障がい者権利擁護支援センターや生活困窮者自立支援事業の自立相談支援事業の受託にあたっては、社協側からも積極的に働きかけ、関係機関等も

入れた協議の場を重ねてよりよい実施方策を検討して事業を受託している。

　また、前述したとおり地域福祉推進事業においても、行政のコミュニティ施策、まちづくり施策を基礎に、十分連携を取りながら社協の地域福祉推進プログラムを展開してきた。阪神・淡路大震災後、7つのブロックごとに社協地区センター開設・地区担当ワーカー配置を打ち出したことに、行政も呼応して人件費補助の増額を図り、現在の地域福祉支援体制の基礎をつくった。現在でこそ、県下でも地区担当ワーカーの配置が当たり前のことになりつつあるが、1998（平成10）年当時では画期的なことであり、社協を地域福祉推進の要として位置づけていることの証左といえる。

3）市地域福祉計画と社協地域福祉推進計画との関係

　行政の宝塚市地域福祉計画の第1期は2004（平成16）年からで、それまでの間に市社協が策定した地域福祉計画（第1次計画）、新地域福祉計画（第2次計画）、地域福祉活動計画（第3次計画）については、市社協単独計画というだけでなく、宝塚市全体を包む地域福祉計画として策定された。これらの策定にあたっては、策定委員会に加えてワーキングチームにも行政職員の参画を得て策定作業を進め、施策化への提案が必要なものについてはこの中に位置づけて行っている。

　また、行政の地域福祉計画（第1期計画）策定に当たっては、社協地区担当ワーカーが7つのブロックごとのブロック計画策定に協力して策定した。しかし、ブロックを単位としたものであったために、実際の住民活動のベースであったまちづくり協議会での活動とつながらなかった。このため、2年遅れて策定した社協の第4次計画では、小学校区での場づくりをテーマにして、行政の第1期計画を地域につなぐ役割を果たした。

　続く行政の第2期計画は、市社協の第5次計画に1年遅れて策定されたが、策定作業に社協職員もかかわり、社協計画との整合性をもたせたものとなった（1章5節（2）に詳説）。

7章 市民自治を基盤にした地域福祉実践の展望

1節●地域福祉実践の開発性と住民主体

　宝塚市社協から学ぶ点は、1990年代以降に社協が弱めてきたと思われる地域福祉実践の機能を、むしろ強化する方向で模索し続けてきた点にある。その弱めてきた機能とは、端的に述べれば地域福祉の協議体機能に基づく開発性やアクション性である。

　1990年以降の地域福祉に与えたインパクトは、在宅福祉サービスの急激な整備であった。それは、それまでの地域組織化活動や先駆的な事業開発という域を超えて地域福祉に在宅福祉事業経営の課題をもたらした。それまでの地域福祉における地域ケアの課題を「先駆的事業開発」という自発的社会福祉の実践から、在宅福祉の制度化をどのように地域福祉が受け止めるかという新たな課題であった。地域福祉の中核的推進組織といわれる社協は、その課題を正面から受け止めざるをえなかったのである。しかし、そのことによって、社協は「先駆的事業開発」の立場から「在宅福祉事業の経営」へと実践の重点が移行することになる。その課題は、介護保険制度を経て今日の地域包括ケアまで一貫して続いているといえる。

　さらに、2000（平成12）年以降に地域福祉に与えたもう一つのインパクトはホームレス対策に始まる社会的排除の課題の出現であった。この課題については、「制度の狭間の対応」「総合相談支援」「個別支援と地域支援の統合」というフレーズに象徴されるようにジェネラリストソーシャルワークとしての統合的な社会福祉実践が展開されつつある。そして、この実践課題は生活困窮者自立支援法に引き継がれ制度化されたといえる。しかし、それは在宅

福祉の制度化と介護保険制度に対してたどってきた道と同様に、生活困窮者自立支援法における包括的、伴走的な相談支援という個別支援に収斂されることが危惧される[*1]。生活困窮者自立支援法のもう一つの目的である社会的孤立対策とそのための地域社会開発こそが地域福祉の役割である。

　社会福祉と地域福祉の関係は、「個」に帰結する社会福祉実践に対して、その実践を地域社会のものとしたり、他領域との流通、媒介的役割を果たすことを通して、社会福祉の開発性やアクション性を高め、福祉的な地域社会を形成することにある。そのことの詳細は後で説明するが、地域福祉はこのように社会福祉の中核的実践である地域自立生活支援の機能と地域社会、まちづくりなどの関連領域を流通、媒介する働きがその特質といえる。宝塚市社協は制度に基づく在宅福祉事業の質の向上を住民の運営参加を可能な限り取り入れて進めてきた。そして、それにとどまらない実践課題の目標設定や活動、事業推進を役員等の住民協議のもとで進めてきた。さらに、そのような推進を可能にする地域福祉推進組織としての社協組織のマネジメント自体も同時に開発しつつ実践してきたという地域福祉の開発実践モデルといえる。

　さて、以上のような市社協の開発のエネルギーの源泉は何であったのか。端的にいえば、それは市社協が「住民主体」を社協実践および組織運営の根幹に据えることに一貫してゆるぎない確信があったということである。

　「住民主体」とは、住民が暮らしづくりの主体であるという権利主体認識である。それは、専門職による質の高い在宅福祉サービス提供や総合相談支援のみが住民主体の実現ではない。また、住民だけで行う活動だけでもない。地域福祉における住民主体とは社会福祉実践の中核に住民を据えるということである。それは住民が専門職による支援やそのほかの生活関連資源を地域の暮らしづくりに組み込みながら生活や地域を創造する営みにほかならない。

　宝塚市社協が在宅福祉の総合推進体に終わらずに地域福祉推進体へと発展していると評価されるとすれば、このような住民主体の原則を地方分権と民営化、市場化における社会福祉状況において具現化してきたことにほかならない。

2節●宝塚市社協の地域福祉実践の4つの特徴

社協組織の特性は、地域福祉という地域ケアと地域福祉組織化による福祉コミュニティ形成の複合概念に適した組織であることにある。ここで確認したい点の第1は、社協組織とは理事会、評議員会を根幹とする住民主体の組織であるということである[※2]。第2には、その住民に雇用されている地域福祉専門機関（専門職組織）が配置されているということである。

理念的には、社協は地域住民が地域福祉の推進のためにその運営権限をもち、そのための専門職を擁している組織と理解できる。

宝塚市社協はこの住民と専門職の2つの組織強化を通して住民主体の具現化を原則的、今日的、統合的に図ってきた社協である。かつての社協論において、住民主体の組織運営を軽視し、事務局主導の社協を「事務局社協」と揶揄していたが、現在においてはその問題意識がほぼ忘れられているのではないだろうか。その事務局社協とならない宝塚市社協の地域福祉実践の特徴を地域福祉推進組織の組織マネジメントの観点からみると次の4点として特徴づけられる。この詳細は6章で述べられているが、特にこの4つの視点から補足しておきたい。

> ①社協組織内外における地域福祉への多様な市民の運営参画
> ②成果とプロセスを意識した専門職連携モデル
> ③自発的な実践を束ね、次の実践を構想する持続的、開発的な計画実践
> ④制度的社会福祉とまちづくり施策を結ぶ実践

（1）実践の特徴１— 社協組織内外における地域福祉への多様な市民の運営参画

　前述した社協組織における住民主体のとらえ方は、単純に住民が社協の運営権限をもてばいいというものではなく、２つの前提が必要である。１つめには役員などの住民が利害関係を乗り越えて当事者の生活課題を中心にした協議に収れんさせていく参加民主主義の場として社協が成立することである。２つめには、そのような協議過程における住民の力を信じ支える専門職の存在である。また、このような協議の場は単一の協議の場をつくればいいというものではない。なぜならば、地域には多様な利害関係者が存在するからである。それらの多様な利害関係者が参加できる多様な場を準備しながら、地域の権力関係を含めたダイナミズムのなかで参加メンバー自身が民主的に協議していくための情報提供と学習をともなった場づくりが必要である。そこに、単一のニーズへの対応を目的としない地域・暮らしのニーズに対応する地域福祉推進組織としての特性がある。

　そのための社協における中核的な場が、社協組織における執行権と議決権もつ理事会、評議員会である。そこでの協議の充実は、社協に対して住民自らの手で地域福祉を進める自分たちのための福祉組織であるという自覚を促す。反対にこの２つの中核となる組織の協議力が低下すると、社協の組織は弱まり官僚的な組織となるであろう。すなわち、社協組織において住民は客体化され、円滑な制度運用という行政ニーズのみに応える官製の福祉組織となる。社協は社会福祉法に位置づけられた公共性の高い組織と言われる。しかし、その公共性とは行政のそれではなく、住民から形成する市民的公共性である。

　また、社協は本来、全地域住民の参加を保障する社団法人的性格を有する地域組織であるが、社会福祉事業体としての社会福祉法人の規定に制約を受けている。したがって、会員は賛助会員としての権限しかない。そこで、できる限り、社協の活動・事業レベル、地域組織レベルにおいて地域福祉への参加・参画を促進し、社協組織や地域社会へ反映させる手立てが必要である。

その場合の最大の要点は、社協運営に関する決定への直接的で民主的な参画である。市社協は社協組織内だけでなく、図表39のように多様な参加・参画の場をつくってきた。

図表39　社協がかかわる各主体の地域福祉への参加、参画の場（例）

参加のレベル ＼ 参加の場	社協組織内	社協組織外
社協組織レベル	・理事会 ・評議員会 ・各種委員会	
社協活動・事業レベル	・ボランティア活動センター助成金配分委員会 ・相談支援事業の運営委員会	・民家型デイサービス連絡会 ・介護保険事業者協会 ・共同募金委員会配分委員会 ・サロン支援プロジェクトチーム
地域組織レベル		・地域ささえあい会議 ・校区ネットワーク会議 ・鹿塩の家をはじめとした民家型デイサービスの運営委員会
計画策定レベル	・地域福祉推進計画策定委員会	・福祉のラウンドテーブル
地域福祉施策レベル		・セーフティネット会議（行政との共同運営）

　このように、社協組織内外にこだわらず多様な住民参加・参画の場を形成することによって、地域社会のさまざまな生活課題や住民の活動ニーズを組織的に吸い上げられると同時に多様な主体による協働実践が可能になる。地域福祉実践は、そのような地域の主体間の協働を促進するオーガナイジングやネットワーキング力がなければその推進力や開発力は生まれない。また、地域福祉実践は、地域住民の生活の全体性に総合的に対応していく実践である。NPOや専門事業組織は単一課題に高度に対応していく実践はできるが、それでは地域生活やそのニーズからかえって遊離してしまう危険性もある。社協は実践の中核に当事者や住民を据えることで、地域生活の全体性を視野に入れながら総合的に対応しようとする地域福祉実践の志向性を担保しなければならない。

（2）実践の特徴２—成果とプロセスを意識した専門職の連携モデル

1）３職種連携によるエリアチーム制

　社協のもう一つの顔である地域福祉専門機関としての宝塚市社協はどのようなコンセプトをもっているのであろうか。市社協の職員は大きく分けて4職種に分類できる。1つは総務・企画関係職員である。この職員は前述の社協の法人運営としての組織、財政運営、職員管理および計画に基づく活動・事業の方針化と進行管理を担う。すなわち組織マネジメントを担う中核である。この総務・企画関係を除く市社協の専門職員構成は3つの実践領域について配置されている。すなわち、次のコミュニティワーク、ケアワーク、ソーシャルワークである。その特徴は以下のとおりである。

①地区担当としてコミュニティワーカーを配置し、住民の福祉活動を支援する体制を重視している。市社協のまちづくり協議会への支援プログラムである福祉コミュニティ支援事業においても、社協が一方的に地域にプログラムを持ち込むのではなく、地域住民の「話し合い」自体を支援するコミュニティワークの原則をふまえた支援を行っている（3章）。

②在宅福祉サービス事業においても福祉コミュニティ形成に寄与する理念とともに、住民ニーズに対応する事業形態とサービスの質を追求している（6章）。市社協の到達点は、それを地域住民運営とする実践への挑戦である（4章）。

③相談支援事業においては、地域アプローチの重視、当事者参加、ニーズ重視（制度の狭間対応）を追及している。その到達点は権利擁護と生活困窮者自立支援を核としたセーフティネットシステムである（5章）。

　市社協では在宅福祉事業の急激な拡大や介護保険制度対策からケア・サービスの運営が先行したが、阪神・淡路大震災を契機にコミュニティワークの再強化を図った。生活者である住民は、直接的に役立つケア・サービス（②）を求めており、それらを使いこなすための相談支援（③）も必要としている。しかし、それは、地域で安心して暮らしていくための地域共同基盤が成立し

ていることを前提としている（①）。かつての社協実践では、コミュニティワークが本来業務でケア・サービスや相談支援は周辺業務というとらえ方が見られた。しかし、このように、生活者視点からみれば、ケア・サービスや相談支援が直接的な支えとして最重視されることを地域福祉実践においても押さえておく必要がある。しかし、その住民が孤立せず、豊かな地域社会関係のもとでの生活を営むためには、コミュニティワーク実践の強化が地域福祉実践の基盤実践として不可欠である。

このように、市社協は第2次計画以降、以上のようなコンセプトで①～③のバランスのとれた地域福祉実践を一貫してめざしてきた。その結実の一つがエリアチーム制である。換言するならば、コミュニティワークの実践基盤の上に地域ケアとコミュニティソーシャルワークを実践するのが宝塚市社協の実践スタイルである。地域ケアやコミュニティソーシャルワークは地域自立生活支援という言葉がなじむ。しかし、コミュニティワークを明確に地域福祉推進組織である社協の実践に位置づけなければ、地域福祉における住民主体や住民自治という価値に基づく実践は育ちにくいであろう。

また、地域福祉実践における専門職の役割は、前述のような住民の福祉のまちづくりへの参加支援とともに、当事者へのエンパワメント支援を含む権利擁護支援が重要である。それに加えて、住民が地域福祉を形成する過程において、その福祉専門職としての実践価値に基づく住民との話し合いを通して、当事者参加の住民協議を補佐することも地域福祉専門職の重要な役割である。

2）成果―プロセスを意識した地域福祉事業評価

宝塚市社協の専門機関としてのもう一つの特徴は、実践成果の追究への姿勢である。宝塚市社協は成果評価にこだわる社協である。それは、社会福祉、とりわけ地域福祉実践が重視するプロセス志向を成果が出せないことへの言い訳にしがちなことへの組織的態度である。専門職のできない言い訳は住民にとって何の意味もなさない、というきびしい姿勢である。企業はニーズ（デマンド）に対応していかない限り組織は存続しない。それに対して、公共的

組織はニーズに鈍感な体質を生みやすい。これは社協も同様である。しかし、介護保険経営や地域福祉事業に対しての結果や成果を市民、行政に「見える化」しなければその財源の確保は困難である。結果や成果の効果測定は地域福祉政策や地域福祉計画上の課題といえるが、実践現場にとっても切実な課題である。

　しかし、それはプロセスを意識しないということではなく、むしろ、成果を意識したていねいなプロセスをめざすということである。地域福祉の成果は関係者の課題の共有化や合意形成のプロセスを経なければ現れない。介護保険制度施行時の住民学習会の開催や福祉コミュニティ支援事業の「話し合い重視」のコンセプト、鹿塩の家の地域密着化のプロセス、エリアチーム制の形成など、すべて結果と成果目標を意識したプロセス重視の実践である。

（3）実践の特徴3—自発的な実践を束ね、次の実践を構想する持続的、開発的な計画実践

　宝塚市社協の6期にわたる地域福祉推進計画の取り組みは次の3点にまとめられる。

①第6次計画まで進んだ地域福祉推進計画は、その時々の地域福祉実践の方向性を示す方針書である。それは住民や行政等への提案書でもある。特に行政においては市社協の地域福祉実践の構想を地域福祉計画等の行政計画や施策に反映させる根拠となった。

②しかし、行政においても実現性のない計画は信用できない。その意味では市社協の地域福祉推進計画は、社協の実践力に裏打ちされたものである必要がある。したがって地域福祉推進計画は住民のニーズを反映するだけでなく、社協組織の主体形成や実践力形成と表裏一体の計画である。

③社協の場合、その実践力には2つの側面がある。1つは、社協職員の実践である。2つめは、計画の目標に賛同し、大きくその方向に合意しながら多様な活動を展開する住民の活動である。後者の住民活動は計画に基づく合意というよりも、計画で提案されたものを一つの題材にして日

常の実践の中での協議を経て自発的活動として広がる。それはまた、地域福祉推進計画で立案されたプログラムが受け入れられなかったり、逆に、その想定を超えた実践として現れる。市社協は6次にわたる計画策定のローリングと年次の事業管理を重視している。しかし、それは「計画ありき」ではなく、絶えず新しいニーズに敏感であり、計画が想定していた活動を超える住民や専門職、またその協働による多様な実践が生み出される日常活動を重視する。非日常的な協議の場としての計画策定は、このように日常的に多様に生じている実践を計画策定のときに束ね、次の中期の方針を構想するという開発的で実践性の高い地域福祉の戦略計画である。

　地域福祉推進計画は、このようにして住民の自発的な活動を単発で終わらせず、住民活動や地域福祉関係者の実践の集合としての開発的実践の流れを持続させることが最も重要な機能といえる。

（4）実践の特徴4―制度的社会福祉とまちづくり施策を結ぶ実践

1）宝塚市における地域福祉計画と地域福祉推進計画の協働関係

　ボランティアと行政との理想的な関係の一つは批判的協力関係である。しかし、住民と行政の両者に介在する社協と行政の関係はもう少し複雑である。住民と行政と社協との関係でいえば、社協は、住民側に足場をおき、住民と行政の創造的な協働関係の場を形成する調整機能を行政と住民の双方から期待されている。その意味では宝塚市社協と行政の関係は相互自律的であり、相互補完的な関係にある。

　宝塚市社協の策定する地域福祉推進計画と行政の地域福祉計画も相補関係にあるが、合同計画の形態をとっていない。それは、合同計画を選択しないということではなく、社協や住民の自発性や自律性の担保を優先するという視点からである。地域福祉計画との合同計画は行政と社協との関係のバランスが崩れると、行政計画に社協計画が縛られ、自発的で開発的な住民や民間

実践の促進が困難になる。

　宝塚市の場合は、両計画は別途に策定されているが、宝塚市セーフティネット会議の構築に関する以下の関係が現在の協働の到達点であろう。

○地域福祉推進計画により日常の開発実践からの地域福祉の構想化（重点プロジェクト）⇒地域福祉計画での施策プログラム化（行政要綱）⇒行政と社協の協働構築（セーフティネット会議の共同開催）⇒行政の条件整備と社協による日常の開発実践⇒行政との協議をもとにした次期地域福祉推進計画での構想化へ

　このような行政と社協とのパートナーシップを成立させる共通項は、要支援者の生活問題と市民、地域である。その観点からは、福祉行政とまちづくり行政を結ぶ地域福祉実践のあり方が問われることになる。

２）制度的社会福祉とまちづくり施策をつなぐ市社協の地域福祉実践

　宝塚市における在宅福祉サービスの本格整備は 1989（平成元）年から始まり、介護保険法の施行とともに進展した。その後、第２期地域福祉計画が2012（平成 24）年に策定され今日に至っている。一方、まちづくり施策はまちづくり協議会の組織化が 1993（平成５）年から始まったのを機に 2000（平成 12）年の地方分権一括法の施行を経て、2002（平成 14）年には市民参加条例、まちづくり基本条例が制定された。このような市民自治、まちづくり施策は一貫して総合計画に位置づけられ、2013（平成 25）年には、行政と市民の協働の基本原則や形態をまとめた宝塚市版「協働の指針」が策定されている（１章５節　図表９）。宝塚市は、社会福祉施策とまちづくり施策を総合計画と地域福祉計画においてその連携を図ってきたといえる。それに対して、市社協は、地域福祉実践のもつ特質が結果的にそれを促進してきたといえる。図表 40 をもとにその地域福祉実践の機能を整理しておこう。

　通常、行政の福祉部局は制度的社会福祉を執行する機関である。これに対

して、まちづくり施策は住民の自発性に基づく「自治」を志向するものである。一般に行政のまちづくり施策と住民の自治活動に「協働」はあり得ても、福祉制度を執行する行政部局にとって住民は対象者や利用者であり、そこに行政と住民の協働の関係は成立しづらい。一方、地域福祉実践は制度的社会福祉が対象とする福祉課題を生活課題として住民の課題とする実践である（A／B）。社会福祉からみれば地域福祉によって住民が福祉に参加する延長に住民のまちづくりに接合すると解釈できる（C／D）。その接合部分では、まちづくりに向かっては住民自治の活動に福祉的な視点を広げる役割を果たす（C）。一方、まちづくりからは、社会福祉を特別な人の特別な対策とせずに、地域社会のものにしていくという福祉の市民化（D）の役割を果たす。この接合部分が福祉的な自治形成、福祉社会の形成の場であるといえる。今日の「地域共生社会」の形成である。このように、市社協の地域福祉実践は宝塚市における福祉と自治施策を結びつけ、福祉的な自治形成を実体化させるための機能を実質的に担ってきたと評価できる。

図表40　制度的社会福祉とまちづくり施策との接点としての地域福祉の機能

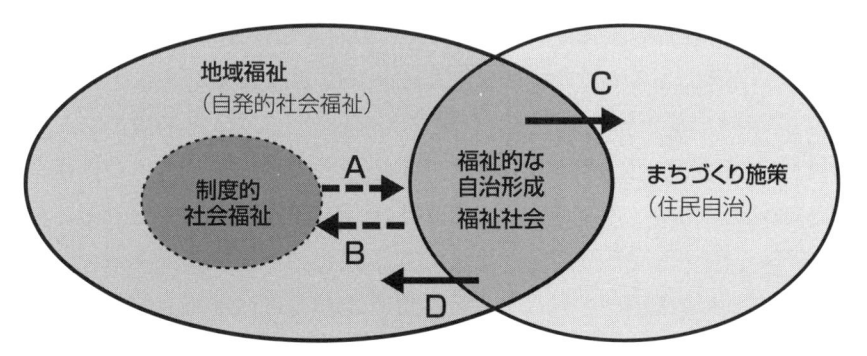

A：制度拡充／B：地域課題化・開発実践／C：自治の福祉化／D：福祉の市民化

3節●次代の地域福祉のステージ

　以上、宝塚市社協の地域福祉実践を振り返ってみたが、本章の最後に、市民自治を基盤にした次代の地域福祉実践を検討していくうえでの視点を述べておこう。

　市社協がめざしてきた第2次計画以降に設定した5つの実践領域（4つの地域福祉推進機能と組織マネジメント：1章2節）の拡大をめざす地域福祉実践は宝塚市セーフティネットシステムの構築によって、一応の帰結をみたといえる。また、「制度の狭間」の対応というこれまでの民間福祉としての自発的な実践による制度外対応も、生活困窮者自立支援法における自立相談支援の受託により福祉制度として担うことになったといえる。もちろん、このような地域福祉の政策化は緒についたばかりであり、その実体化への実践はこれからである。

　今後の市社協による地域福祉の推進方針である第6次地域福祉推進計画（2017）の策定をめぐっては次の点が留意された。すなわち、日本全体の問題でもあるが、人口減少、単身化、超高齢化、孤立化と貧困化がリアリティをもって地域社会に迫る、この10年から20年を想像したうえでのこの期の5年間の立案である。それは地域住民自身がその変化をイメージし、自らの生活防衛のための地域づくりに取り組む5年間であるという提案である。その時に、生きづらさを抱えた福祉当事者を包摂する福祉性がまちづくりの根底に据えられるかどうかが宝塚市の住民自治の成熟度として試されることになろう。

　もう一つの留意点が、国による新福祉ビジョン（新たな時代に対応した福祉の提供ビジョン）への対応である。国の危機感からか、それが提起されて以降、「ニッポン一億総活躍プラン」「我が事・丸ごと　地域共生社会推進本部」「地域力強化検討会」「社会福祉法改正」「社会福祉法に基づく市町村における包括的な支援体制の整備に関する指針」と矢継ぎ早に方針が出されている。この一連の動向を筆者は「地域福祉の政策化」と呼んでいる。

これらの施策について、次のことを指摘しておきたい。それは、国が「地域共生社会の実現」という社会づくりや地域福祉の根本的な目標を提唱したことに対する地域住民や自治体の地域共生社会形成への本気度に関してである。共生社会の形成という根本的な人間のつながり方への提唱が単なるスローガンに終わるのであれば、それは逆に、社会から排除されている者や分断社会に対しての実質的な容認にもつながりかねない。共生社会の形成は多様性の尊重、基本的人権の擁護、とりわけ障害者権利条約にもとづく障害者施策を根底に据えた社会的包摂施策の実体化が根底に据えられなければ、さらに、この「共生社会」を「地域」で形成するということについて、自治体行政のあり方とともに検討する必要がある。そのためには、少なくとも次の3つの視点から今後の地域福祉実践や施策化を進めつつ検討していくことが必要である。

1つめには、地域福祉施策とまちづくり施策を結ぶ実践の強化である。この点に関しては、前述したように、市社協はそれ自体を目的として取り組んできたわけではない。小地域福祉活動にもとづく住民意思の忠実な反映の結果、まちづくり協議会支援を中心として必然的に取り組まれてきたといえる。しかし、今後、超高齢化を迎え地域力の低下が予想される状況においては、市民自治・コミュニティ施策と地域福祉施策がよりダイナミックに統合されていく必要がある。そのための政策面における当面の目標は市民参加条例、まちづくり基本条例と連動した地域福祉条例の制定であろう[*3]。また、それと関連して市民・専門職の協議協働の多様な場づくりとそれらの声を集約する地域福祉の重層的なエリアマネジメントがますます重要になってくるであろう。

2つめには、上記と関連するが、宝塚市の市民自治およびその担い手に、これまでは支援対象者と呼ばれていた市民や社会的に排除されていた市民が地域参加ができるための施策や活動を積極的に促進する実践が求められる。そのためには、福祉教育の前提である人権教育と社会教育を住民自治教育として再強化する必要があろう。また同時に、次代の担い手である子ども、若者の教育、福祉の連携が課題となるであろう。これらに共通する実践領域は

7章

市民自治を基盤にした地域福祉実践の展望

障害福祉である。障害福祉の目標こそ、生きづらさをかかえたすべての人々のエンパワメントと社会参加の実現だからである。すなわち、社会的包摂政策が最も問われる分野だからである。その視点から障害者差別解消法や権利擁護支援の取り組みもふまえて、障害分野から地域福祉実践と市民自治を点検していく必要があろう。

　3つめには、これは市社協がすでに脱皮しつつある点であるが、社協自体を拡大する実践の総合化から当事者組織からNPO、社会福祉法人、地元企業にわたる社協外の多様な主体のネットワークに社協が参加し、地域福祉の開発的な協働実践を拡大していく方向性をより明確に示していくことであろう。これは地域福祉の媒介機能を機能化させる社協の中間支援組織としてのマネジメントの発揮である（図表40）。

　以上の視点をもって地域福祉実践を進めていくためには、これまでも取り組んできたように、社協に参画する市民の福祉的な参加民主主義に基づく営みと総合的な視点から住民生活をとらえ、住民と協働できる地域福祉専門職の人材養成が不可欠である。また、それらの総合力を発揮する社協のマネジメントは、地域福祉領域の拡大とともにより複雑かつ高度になっていくであろう。そして、それは地域福祉の制度化、政策化を促進する地域福祉のアドミニストレーションとそのマネジメントに直結することが望まれる。これらは市社協の役職員あげての実践課題であり地域福祉実践の開発課題である。一方、これらの取り組みを持続的に進めていくためには、地域住民の福祉的なくらしの創造のための課題を住民とともに明らかにし、地域社会、行政に問題提起し続けるという原則的な実践から決して遊離しないという姿勢の確認が何よりもたいせつである。

※1：この場合の開発領域はケア・サービスやネットワーク・ケアシステムの開発だけでなく住民の福祉的意識、態度の変容を目的とする地域社会の開発を含む
※2：もちろん、社協は公私関係者で構成され、そこには行政や福祉事業者の参加もあるが、住民が基盤であることは間違いない
※3：宝塚市では障害者差別解消法に関する条例を制定した（2016）

宝塚市社協への期待

●宝塚市の地域福祉と社協への期待

関西学院大学 名誉教授　牧里毎治

●社協の事務局から地域の事務局へ

—本書から何を学ぶのか—

日本福祉大学 教授　平野隆之

宝塚市の地域福祉と社協への期待

関西学院大学 名誉教授　**牧里毎治**

1. 地域福祉推進計画と重点プロジェクト

　宝塚市の地域福祉実践は、宝塚市の支援のもとで宝塚市社協がその推進役となって充実させてきた。地域福祉の実体が住民による主体的な地域福祉活動とそれを支える政策・施策からなるものと想定すると、宝塚市の地域福祉実践は、市のまちづくり施策やコミュニティ施策にのって、宝塚市社協がその中間組織として進めてきたといってもよい。まさに宝塚市の地域福祉施策は、宝塚市社協の先駆的・開拓的な地域福祉実践を支える形で展開してきたのである。このことは、宝塚市における地域福祉実践が宝塚市社協の地域福祉推進計画の策定によって進んできたという事実に現れている。多くの自治体では、市の策定する地域福祉計画とそれに協働・連携する形での地域福祉活動計画なるものがほぼ同時進行で策定されるが、宝塚市の場合には宝塚市社協の地域福祉推進計画の策定が1990（平成2）年からと大きく先行し、宝塚市の取り組みもこのなかに反映させる形で策定・実施されてきたのである。

　宝塚市社協の地域福祉推進計画は社協発展計画としても位置づけられている。社協以外にも地域福祉を推進する民間団体はあっていいはずだが、実質的には宝塚市の地域福祉推進を図る民間主導の計画が市社協の発展計画となっている。宝塚市社協は、市域における福祉に関する機関および団体の総合調整を課せられた組織である。市域における市民・住民の活動すべてが網羅され総合的に調整され効果的・効率的な地域福祉の推進を図るためには、宝塚市社協の事業・活動そのものが民間活動を促進するものであるという確信がある。あらゆる福祉団体の総合調整を課せられた団体は、宝塚市社協以

外に存在しないからでもあるが、市社協の発展計画が市の地域福祉推進につながるようになっている。しかしながら、あらゆる福祉団体が市社協に結集しているかといえば、必ずしもそうではない。

　宝塚市社協の地域福祉推進計画は、福祉の民間機関をとりまとめる立場から策定されているわけだが、その最も重要な重点プロジェクトは、コミュニティケアと住民自治を強化するところにおかれていた。少子高齢化が進んできていることもさることながら、人びとのつながりが急速に失われつつある無縁社会の到来を意識した重点プロジェクトでもある。都市化、匿名化など行き過ぎた個人主義化が人びとの孤立化や孤独をもたらし、安心で安全な暮らしのセーフティネットを蝕んできている。生活困窮に陥る前の地域社会の予防的機能を弱め、家族の抱える生活困難を地域社会の中に埋没させたり、事故や事件に発展させる不幸な事態に至らせている。地域福祉における重要課題が、ケアの仕組みづくりと住民自治を同時に達成することにおかれているところに特徴がある。

　宝塚市社協も発足当時はどこにでもある平凡な社協であったといってよい。いわば地域福祉推進計画の策定を通じて先進的で先導的な組織に脱皮してきたということができる。地域福祉推進計画は、社協の市行政を含む対外組織に働きかけ、市全体の地域福祉実践の底上げと発展を共通理念として協働連携を促進するとともに、社協自らの内部構造を強化・発展させるものである。なぜなら、社協組織自体の基盤がしっかりしていないと対外組織に働きかけることはおろか、社協組織内部の調整に追われたり、事業を実施するだけで精一杯の団体になってしまうからである。宝塚市社協は、宝塚市の地域の福祉を発展させる合意形成を進めながら、地域福祉実践の質と量を高める目標設定を立て、市内の各種団体と協働連携するために計画的に組織運営を心がけてきたということができる。

2. 協議体、運動体、事業体としての組織づくり

　宝塚市社協は、社協の組織的特徴として、協議体、運動体、事業体として

3つあげているが、地域社会の生活をよくするための総合的福祉団体であることをこの特徴はよく示している。その名前のとおり協議体であることはいうまでもないことだが、さらにいえば、地域社会の生活困難な問題解決のためにあらゆる組織・団体が結集して協議する場であるところに、際だった固有の特徴がある。市社協は、地域社会の生活問題解決のための単なる住民組織でもなく、行政職員や専門職、そして企業や関連団体も包含できる住民主体の組織である。また、福祉問題を抱えた当事者も支援のボランティアも有給の保健福祉サービス従事者も同じテーブルに着いて協議できる場なのである。ある意味、社協事務局の職員集団は、このような地域社会におけるさまざまな会議や会合を設定し、話し合いを有効に進めるプロ集団ともいえるし、宝塚市社協は役職員あげて住民参加の協議体に育て上げてきたといえるであろう。

　社協組織が運動体であるというと、市民運動や労働運動の団体と同じかと思う人もいるかもしれないが、そのような激しい示威活動や政治運動は行わないものの、制度やサービスの網の目からこぼれ落ちたニーズや生活問題を率先して取り上げ、行政や関係団体に制度化や施策化を働きかける運動に取り組んでいる。全国的な社協運動を振り返ると、その時代と地域に求められる政策課題や施策を提案し、問題解決に取り組んできたことはいうまでもない。全国的にはこれまで、子どもの遊び場づくり、育所設置運動、寝たり高齢者介護問題、一人暮らし高齢者支援活動などなど、さらに最近ではひきこもり青年など生活困窮者の支援、認知症高齢者への支援など社協が先駆的、補完的、協働的に取り組んできた運動は多い。宝塚市社協も全国に先駆けて障害者支援や認知症高齢者への地域共生ケアなど、地域に密着した取り組みを展開してきた。

　事業体としての社協は、もっぱら介護保険事業や福祉サービス事業の実施組織という性格を表しているが、宝塚市社協は、このような事業を経営しながらも協議体、運動体としての社協の特徴を見失うこともなく、住民組織化、団体組織化と介護・福祉サービス運営を両立させてきた類い希な市社協といえるだろう。とかく事業型社協に変質してしまうと、介護サービスや福祉サー

ビスの事業実施だけの組織になって、市域全体や地域社会全体の生活問題解決の視点や態度を見失ってしまうことが多々ある。市社協が介護・福祉サービスを市域で独占経営している場合を除いて、総合的・包括的に市域全体の介護・福祉サービスのリーディング団体になるためには、市民のために先導的に市全体の介護・福祉サービスの質の高さを保ち、不公平にならないように量的にも公正な充実を促進する団体でなければならない。宝塚市社協は、つねに優れた介護・福祉サービスの事業体であるよう模範となりつつ、市域全体の介護・福祉サービスの底上げと水準維持のために、各事業者や団体と連携協働することに心を砕いてきたといえるだろう。

3. 地域密着型の福祉システムづくり

　いま一つ指摘しておきたいのは、宝塚市社協は、地域密着志向の住民参加型地域福祉システムづくりをめざして取り組んでいることである。宝塚市における生活セーフティネット構想の実現をめざしているといっていいかもしれない。市域を7ブロックに分けて、それぞれに社協地区センターを設置し、概ね小学校校区単位に設置されている「まちづくり協議会」の地域福祉活動を支援している。地区センターに配置されている地区担当ワーカーとよばれるコミュニティワーカーが、地域住民と協働して地域ケアの取り組みを進めている。「校区ネットワーク会議」を開催し、住民と専門職が協働して地域ケアを創出していくことをめざしており、さらにきめ細かく地域ケア実践を進めるために自治会レベルでの「地域ささえあい会議」を促進している。まだ試行錯誤の段階にあるといってもいいが、地域住民が日常的に積極的に参加できる場として、民家や集会所、企業の店舗や倉庫なども活用した「地域ささえあい拠点」をもつことは意義がある。

　もう一つの重要なポイントは、地域密着型の総合相談支援体制づくりとして7ブロックにコミュニティワーカーとは別に地域福祉コーディネーター、いわゆるコミュニティ・ソーシャルワーカーを配置し、個別相談から地域組織化へつなげる実践戦略も立てていることであろう。住民組織化とサービス

組織化は、その融合および連携が難しいところもあるが、地域住民の自治能力や組織化を高める活動と個別ケースからサービス開発や当事者グループづくりは、とかく分離分裂しやすい。しかし、その取り組みをあえて7ブロックにエリアを設定し、これからの社協組織化の実験的・開拓的フィールドにしようとする試みは高く評価されてよい。サロン活動やカフェ活動など、地域に密着した住民と専門職、行政職がかかわる取り組みが注目されるようになってきているが、ニーズや問題の発見など「入口」だけでなく、サービスや資源を創出する「出口」の開発も必要になってきている。

4. 社協職員の役割と住民ニーズ

さて、最後になったが、宝塚市社協への期待を社協職員に向けて述べてみよう。社協が地域福祉推進の中核的機関であることの意味を改めて述べるまでもないが、生活問題や福祉問題の解決に向けて住民として参加する支援をする専門機関であるということである。住民が参加する形態や方法はさまざまに説明が可能だろうが、ニーズの発見からボランティ活動への参加、地域での助け合い活動、自治会・町内会での自治活動、行政施策への提案・参画など多岐にわたるが、社協は、いずれにせよ住民に一生に一度は参加・参画の機会を提供したり支援したりする専門機関なのである。

社協職員の役割をここでは住民の地域参加の支援ととらえて、その意義と課題を生活課題や福祉問題に引き寄せて述べてみる。社協職員の役割を、住民の住民による住民のための地域社会で発生する生活課題や福祉問題への連帯的・協働的・組織的活動ととらえ、またさらに、この活動を促進し発展させる方法として地域支援があると考えておきたい。また、ここでいう生活課題とは一般に多くの人びとが日常的に抱えている生活上の支障や生活困難などを指し、そのうち特定の人びとに集中して発現する生活困窮を福祉問題としておきたい。

社協職員の役割としては、地域住民の地域参加ニーズなるものの存在を発見して、それにどう対処するかを考える必要が基本だろう。

まず考えられるのは、地域社会への「①居場所・出番探し」といったニーズであろうか。住民になりたいけどなれない、受け入れてもらえないことに対するニーズといっていいだろう。いわば存在感、有用感を求めて地域活動に参加したい、地域貢献できる場所や出番がほしいというわけである。ひいては生きがいややりがい、そして死にがい、死を賭して取り組む役割、位置づけがほしいというニーズである。生きがい、死にがいとなるとやや誇張しすぎかもしれないが、住民として役割を果たせる場や機会がほしいという思いは案外多くの人が潜在的にもっている要望である。

次に「②仲間づくり・グループ活動」をしたい、支援してほしいというニーズだろうか。これも居場所づくりや出番づくりに重なる部分もあるが、単に消極的、受動的に地域参加するというレベルに留まらないで、もっと積極的、能動的に地域貢献したいという参加ニーズである。仲間づくりや所属感を満たすだけでなく、集団力を活用して地域活動したい、個人的に参加するだけでなく集団的に地域貢献をしようという意欲に満ちた参加ニーズである。対話・会話の欲求も強く、集団の力を身につけたいというニーズでもある。

続いて「③社会貢献・地域貢献」を意識的にイベントや行事として企画・立案して実行したいという欲求だろうか。仲間うちだけの同好会的な取り組みではなく、もっと計画的、組織的に地元の祭りや運動会、演芸大会などをやってみたいという参加ニーズである。実行委員会方式でイベントや催し物ごとに組織化・計画化し実行するわけだが、イベントや催し物が終われば解散するというものが多い。この場合は、地域還元や地域へのお返し意識が潜在ニーズとしてあり、まちづくり参加や感動体験を創出することに喜びを見出すタイプであろう。一時的、一過性の活動だから参加できるという特徴もある。

さらに「④組織づくり・NPO起ち上げ」といったことへの参加ニーズもあるだろう。一時的な取り組みや一過性のイベントではなく、継続的、恒常的に地域参加、社会参加したい場合、多くは職業的にかかわるとか事務局的な機能が必要とされる。つまり事業運営することや組織化する能力を地域還元しようというセミプロ的貢献ということになるだろうか。人材活用ノウハ

ウや助成資金に応募するための申請事務などで支援を求めるケースなどは、組織的な思いを形にするための手続きに能力を発揮できるプロが必要となる。社会参加を事業化するプロとしての地域参加、社会貢献を求めていることになる。

最後は「⑤連携組織づくりや政策提言活動」という対社会的な活動として地域参加したいというニーズである。なんらかの社会的発信をすることによって、制度変革や環境改善へかかわろうする、やや政治的、組織的、運動的な側面の強い地域参加、社会参加になるだろう。地域社会の中の協働パワーを再発見したり、問題解決のネットワークづくりに発展したり、現実的には声明書、意見書、要望書づくりとか計画策定や条例づくりに参画するなどを通じて、連携組織づくりをすることになる。

いずれにせよ、社協職員が社協職員たる固有性は、住民の求めている社会参加の支援をすることであることに変わりはない。社協に雇用された職員には一般庶務から相談職種、ケア職員までさまざまな業務と庶務があるだろうが、住民の福祉への関心や共感を高めること、さらに福祉へのかかわりや参加を促進すること、福祉を向上させる社会環境を変えることまで含まれている。住民が利用者としてケア・サービスに参加することもあれば、ボランティアや寄付者・寄贈者として参加することもある、さらにケア・スタッフとして従業員として参加することもあるし、ケア・サービス経営の企画・運営に参加することもある。場合によっては障害者や孤立無業者の就労支援を通じた地域貢献として社会参加を推進することもあるだろう。

宝塚市社協は、以上のような住民の地域参加を推進するために役職員が一丸となって地域福祉実践に取り組んできたが、この経験と伝統を絶やすことなく堅持していただきたい。無縁社会、格差社会に立ち向かう勇敢な社協として、全国的にも名を残すモデル市社協であり続けてほしいと願っている。

社協の事務局から地域福祉の事務局へ
―本書から何を学ぶのか―

日本福祉大学 教授　平野隆之

1．社会福祉協議会とは

　社会福祉協議会という組織をどのように理解すればよいのか、研究者の間でも定まった解説があるわけではない。実体としての社会福祉協議会が多様であり、地域や規模によっても有する機能が大きく異なっているので、共通項を導き出すことはあまり生産的とは考えていない。そこで、宝塚市社会福祉協議会を扱っている本書を読み深めるなかで、かかる問いに答えてみたい。こうした目的から、いわゆる先駆的といわれる社会福祉協議会を扱った書籍を読み深める作業を行おうとするとき、豊中市社会福祉協議会が編集した『社協の醍醐味』（CLC）を無視することができない。この2つは、関西の社会福祉協議会として、その先駆性を対比させながら注目されてきたといってよい。

　前者の豊中市社会福祉協議会では、「コミュニティソーシャルワーク」が強調されているのに対して、本書での宝塚市社会福祉協議会では、事務局組織あるいはマネジメントに注目がおかれている。この対比は、当然ながら、それぞれの著書に影響を与えている。先の豊中市社会福祉協議会の『社協の醍醐味』では、6章から8章までは、コミュニティソーシャルワークに充てられており、それに至る前半の章では、「校区福祉委員会」の活動の紹介で占められている。

　では、先ほどの対比からすると本書の構成はどのようになるはずであるのか。実際内容はこれから解説することになるが、当然ながら社会福祉協議会の事務局機能に、その力点があることになる。宝塚市では、「校区福祉委員会」に相当する小地域福祉組織は、いわゆる「まちづくり協議会の福祉部」ということになる。それは、社会福祉協議会の組織外の組織であり、その意味で

は、社会福祉協議会という組織を運営する事務局機能にとどまりえないことが理解される。結論を先回りして言うと、本書は、地域福祉の事務局機能を社会福祉協議会が担うことを実現するための方法を解説しているということになる。このような想像力を働かせてみると、本書の目次の見え方も異なってくる。

筆者は、宝塚市社会福祉協議会を直接の研究フィールドにしているわけではない。その意味では、距離感をもちながら本稿を書いているという気安さがあり、それは大胆な整理を可能としている。結果として、最初の問い＝「社会福祉協議会という組織をどのように理解すればよいのか」、そしてそのような組織が求められている機能を発揮しようとするならば、どのようなマネジメント業務が展開されるべきなのか、これらへの回答の要約を本稿はめざしてみたい。

いよいよ先の回答に迫ることにする。本書の1章で、その回答らしきものが発見できる。「社協という組織が住民、専門機関・団体、行政を広範囲に結ぶテーブルという機能が期待されている」との記述である。住民、専門機関・団体、行政が広範囲にテーブルを囲み、そこで社会福祉の新たな問題やその解決を協議することから、いわゆる社会福祉の協議会という名称となっていることが明確に示されている。その際、「テーブルという機能」とは、文字どおりテーブルを囲んで、対立し、議論し、あるいは譲歩し、同調し、合意する空間をうまく運営する役割を社会福祉協議会に期待していることを意味している。

2．協議会事務局の機能

では、そのような機能を社会福祉協議会はどのような形で発揮していることになるのか。それを的確に表現するものが、最初に言及した「事務局」というものである。つまり、協議会の事務局としてのテーブルの機能を発揮させることが仕事ということになる。別の見方をすると、社会福祉協議会で働く職員は、協議会の職員ではなく、協議会事務局の職員ということことになる。

しかし、社会福祉協議会だけが事務局をもっているわけではない。同じように協議する機能をもつ、たとえば自治体の議会にも議会事務局が存在する。議員は協議するために選出されているので、その協議組織である議会そのものの事務的な運営を担うわけではない。このような協議のために選出されている場合には、その協議組織の事務的な運営に事務局が必要となってくる。さまざまな福祉計画策定の委員会においても、この事務局という名称が用いられる。委員会という協議組織の円滑な運営を果たす役割をもつものである。しかし、計画のほとんどの素案を事務局がつくり、委員会の会議の場は、それを承認するだけの機能になり下がっている場合がよくみられる。場合によって、それがよい事務局として評価されることをよしとするのではなく、協議機能の活性化という評価視点での社協事務局の復権が必要といえる。

そもそも事務局とは何か。辞書では「①組織・団体などで、運営上の諸事務を担当する部局。②組織・団体などで、運営を統括し、その組織・団体の目的を実現するための実質的作業を行う部門。また、その任の人。委員会やグループなど小規模の組織の中でもいう。」とある。また、事務局のもつイメージとしては、「裏方」とも表現されるように、あまりよい印象を持たれることがなく、創造的な仕事とは決して想像されにくい。

しかし、民間企業のマネジメントにおいて、最近この裏方イメージである「事務局」が注目を集めている。企業組織が無能な管理職のもとで、自分を守ろうとする行動の結果、組織がタコツボ化し、組織に必要な革新性が欠如してくる。こうした危機的な状況、タコツボ化に向かう負のスパイラルから抜け出るための、創造的な組織運営を「事務局力」として再生しようと提案するのが、野村恭彦（2009）『裏方ほどおいしい仕事はない ― 肩書より10倍役立つ「事務局力」実践講座』（プレジデント社）である。同書によれば、悪い事務局は、管理的事務局で、上から言われたことをこなし、役員を喜ばせるデータを集めることを目的化し、その結果、価値を生まずに仕事だけを増やす結果となる。これに対して、よい事務局とは、戦略的事務局で、上から言われることをこなすだけでなく、自分たちの思いをもち、それを伝搬させ、組織全体を熱くやる気のある集団に変えていくというのである。

では、社会福祉協議会の事務局においては、戦略的事務局のありようをどのようにめざすのか。社会福祉に関連する各種団体を代表する人の集まりである協議会を、当該協議会事務局の事業や経営の問題に限定した機能にするのは、もともとの設立趣旨に反する。社会福祉協議会の事務局は、地域福祉の推進機関として、事務局がもつ地域福祉の思いを伝え、協議組織のメンバーを熱くさせ、地域の課題解決に向けて「やる気のある集団」に変えていくことが重要である。つまり、狭義の社会福祉協議会という組織そのもの事務局という役割を越えて、一種の「地域福祉の事務局」として幅広い地域福祉の使命に沿って、その推進のための事務局機能を発揮する役割がある。

3．協議体に加えて運動体と事業体

　本書は、こうした「社会福祉協議会の事務局」から「地域福祉の事務局」への展開を示した実践記録ということができる。では、この展開を可能にしている条件をどのように説明しているのであろうか。その条件は、協議体に加えて、そこで出された課題を実現するための運動体と事業体の機能を付加していることである。協議の場に提出された課題を解決する方法は、2つに集約される。1つは、運動を通して行政に働きかけ、課題解決の施策化や事業化を図る方法、もう1つは自ら（社会福祉協議会）がその問題の解決のために事業を開発する、このいずれかの方法に依拠せざるを得ない。前者の場合が、運動体となり、後者の場合が事業体となる。

　本書で示している宝塚市社会福祉協議会の特徴は、この付加される2つの機能が協議体という器のなかで、うまく融合しているということにある。1つには、住民と専門職との協働が事業の開発のなかで実現しているということである。4章にある「住民と専門職の地域共同ケア」に紹介されている「ふれあい鹿塩の家」にみる両者の協働による事業の開発である。2つには、協議機能の場を計画の場として実現し、そのなかで運動体としての交渉力を発揮していることである。地域福祉推進計画のローリングが、行政への一種のソーシャルアクションの場を形成しているのである。

4. 地域福祉の事務局としての社会福祉協議会マネジメント

　全国社会福祉協議会が監修している『概説　社会福祉協議会』によると、社会福祉協議会の事務局を4つの事業部門にわけて紹介している。部門構成は、①法人運営部門、②地域福祉活動推進部門、③福祉サービス利用支援部門、④在宅福祉事業部門となっているが、実際の事業規模からすると、一般的には①在宅福祉事業部門、②地域福祉活動推進部門、③福祉サービス利用支援部門、もっとも小さいのが④法人運営部門、ということになる。本稿で言及している事務局機能は、④法人運営部門に集約されていることになるが、その位置づけは高くない。「地域福祉の事務局」への展開を図る点では、少なくとも、④法人運営部門と②地域福祉活動推進部門の融合、あるいは、②地域福祉活動推進部門と③福祉サービス利用支援部門、④在宅福祉事業部門との部門横断的な協力関係を促進するマネジメントが求められるのではなかろうか。

　こうした問題意識をもちながら、筆者は滋賀県社会福祉協議会のなかで数年にわたって研究会事業を展開してきた。その成果は、滋賀県市町社会福祉協議会会長会・滋賀県社会福祉協議会（2010）『地域福祉の事務局としての社協基盤強化』のなかで明確にされている。介護保険部門と地域福祉部門の協業に関する強化であり、制度の狭間を埋める事務局における中間マネジャーの育成である。総務部門（全国社会福祉協議会の分類では、法人運営部門）の強化が上げられている。われわれは、「武器としての総務」という表現のもとに組織マネジメントを強化することを提案している。

　本書は、通常外部からは見えてこない組織マネジメントの方法を深く掘り下げ、一種の「見える化」を試みている。その困難な作業が実現しているのは、関西学院大学の藤井博志教授の役割が大きいといえる。その貢献にここではふれられないが、本書が、豊中市社会福祉協議会との対比で「コミュニティソーシャルワークではなく事務局」を、「醍醐味ではなくマネジメント」の中身を描こうとしているなかで、貴重な記録をまとめている。それが結実しているのが、3章で紹介されている事務局の機能をエリアに分散するため

の地区担当ワーカーの配置とそのマネジメントであり、6章の社会福祉協議会組織マネジメントの記述である。当事者・住民、専門職・事業者、行政の各種の利害関係者、協働関係者との良好な関係づくりや調整、合意形成を進めるためのマネジメントの方法が、圏域のレベルに応じて、ヨコ串のようにそれぞれの関係性を担保している。

　＜Ⅰ＞概ね自治会単位の「より身近なエリア」では地域支えあい会議（構築中）をベースにしながら、＜Ⅱ＞小学校区を単位にした「まちづくり協議会」が設置されている「地域協働エリア」では、校区ネットワーク会議が、＜Ⅲ＞の地域包括支援センターの通称ブロックエリアでは、セーフティネット連絡会が、＜Ⅳ＞の全市のエリアでは、セーフティネット会議が組織され、社会福祉協議会事務局によるマネジメントによって相互に結びつきをもつものとして機能することが、第6次の地域福祉推進計画のなかではめざされている（1章4節　図表8参照）。

　社会福祉協議会の事務局から地域福祉の事務局に移行するためには、このような各層別の協議の機能を、タテに結びつけるようなマネジメントが必要であり、ブロックエリアに配置された地区担当ワーカーがそれぞれに力量を発揮することが求められる。その際に、社会福祉協議会の事業体のスタッフとの連携は不可欠であり、ブロック単位でみればその事業体スタッフが少ないか、まったくいない場合もあるため、他の法人の事業体スタッフとの連携にまで業務を発展させる必要がある。現在、その取り組みを推進させているとのことであり、その意味では本書は実験的な試みの途上にある中間報告の部分をもつことになる。

　こうした社会福祉協議会によるエリア・マネジメントの実験を観察するためにも、本書は、それを選択する過程、つまりその選択肢を仮説的に選ぶ判断の過程を理解するうえで大きな役割をもつ。社会福祉協議会は、こうした地域福祉マネジメントの実験的な取り組みに挑戦することが重要な使命でもある。ぜひ、その実験現場に本書を持って、立とうではないか。

＜参考文献＞

・滋賀県市町社会福祉協議会会長会・滋賀県社会福祉協議会『地域福祉の事務局としての社協基盤強化』（2010）

・和田敏明・渋谷篤男編『概説 社会福祉協議会』全国社会福祉協議会（2009）

・原田正樹監修・伊賀市社会福祉協議会編『社協の底力－地域福祉実践を拓く社協の挑戦』中央法規出版（2008）

・平野隆之『地域福祉推進の理論と方法』有斐閣（2008）

・牧里毎治監修・豊中市社会福祉協議会編『社協の醍醐味－住民と行政とともに創る福祉のまち』CLC（2010）

参考資料

- ●宝塚市セーフティネットの構築に関する要綱
- ●ボランティア活動助成に関するきまり
- ●ボランティア活動助成　内容一覧
- ●福祉コミュニティ支援事業実施要綱より活動内容・助成金額
- ●宝塚市社会福祉協議会の概要

宝塚市セーフティネットの構築に関する要綱

（趣旨）
第1条　この要綱は、すべての人々が住み慣れた地域で孤立することなく、安心して暮らすことができる社会を実現するため、地域における多様な主体の協働によるセーフティネットの構築及びセーフティネット会議の円滑な運用に関し必要な事項を定めるものとする。

（定義）
第2条　この要綱において、次の各号に掲げる用語の意義は、当該各号に定めるところによる。
　(1) 関係団体等　住民、自治会等の市民団体、行政及び福祉・保健・医療等の関係機関をいう。
　(2) 行政機関等　行政及び福祉・保健・医療等の関係機関をいう。
　(3) 生活課題　公的制度だけでは解決が困難である生活上の課題をいう。
　(4) セーフティネット　生活課題を抱える人々を支援する協働の仕組をいう。
　(5) セーフティネット会議　セーフティネットを構築するための会議をいう。

（基本方針等）
第3条　すべての住民は、地域社会における生活の主体として、その意思が尊重される。

2　関係団体等は、セーフティネットの運用における役割を分担し、支え合い、相互の立場を尊重するとともに、生活課題を抱える住民にとって最も望ましい解決の実現に努めなければならない。

3　セーフティネットの構築は、原則として、宝塚市地域福祉計画（宝塚市が社会福祉法（昭和26年法律第45号）第107条の規定により策定した地域福祉の推進に関する計画をいう。）及び地域福祉推進計画（社会福祉法人宝塚市社会福祉協議会（以下「宝塚市社会福祉協議会」という。）が社会福祉法第109条に規定する社会福祉協議会の目的に基づき策定した地域福祉の推進に関する計画をいう。）に基づくものとする。

4　セーフティネット会議は、宝塚市が設置し、宝塚市と宝塚市社会福祉協議会が共同で運営する。

（行政機関等）
第4条　行政機関等は、生活課題の解決のために、それぞれの専門性を生かし、地域の特性に応じて連携するよう努める。

2　宝塚市地域福祉推進検討会（宝塚市が宝塚市地域福祉計画の進行管理を行うため、その関係部局で構成する会議をいう。）は、セーフティネット会議の活動を尊重し、宝塚市の地域福祉活動の推進及び宝塚市以外の行政機関等の活動への協力を行う。

（地域における会議）
第5条　関係団体等は、地域の特性に応じ、住民に身近な自治会等の小エリア（以下「小エリア」という。）及び小学校区の中エリア（以下「中エリア」という。）で

生活課題を協議し、これらのエリアの特性に応じた活動を行う。

2　関係団体等は、必要に応じ、市内の7ブロックごとの大エリア（以下「大エリア」という。）で協議する会議を設置し、大エリアの特性に応じた活動を行う。

3　宝塚市社会福祉協議会は、前2項の地域における会議の内容を総括し、セーフティネット会議に連絡するなどの支援を行う。

（セーフティネット会議）
第6条　セーフティネット会議は、小エリア、中エリア及び大エリアで生活課題を協議し、その解決方策を提示することにより、地域を支援することを目的とする。

2　セーフティネット会議は、前項の目的を達成するため、次に掲げる事務を所掌する。
　(1) 生活課題に係る全市的なセーフティネットの構築に関すること。
　(2) 関係団体等の総合調整に関すること。
　(3) 生活課題に係る解決の方向性又は方策を示すこと。
　(4) その他セーフティネット会議の目的を達成するために必要な事項

（セーフティネット会議の組織）
第7条　セーフティネット会議は、次の各号に掲げる者（以下「会議メンバー」という。）をもって構成する。
　(1) 別表に定める市民団体・関係機関等から推薦された者　各1人
　(2) 知識経験者で地域福祉に専門性を有

する者　1人

2　セーフティネット会議に会長を置き、会長には、前項第2号に規定する者を充てる。

（セーフティネット会議の開催）
第8条　セーフティネット会議は、会長が招集し、会長が議長となる。

2　会議の議事は、出席した会議メンバー全員の合意を得るよう努める。

3　セーフティネット会議は、その所掌事務を遂行するため必要があると認めるときは、会議メンバー以外の者に会議の出席を求め、意見を聴き、資料の提供を求めることができる。

4　会議の開催回数は、年1回以上とする。

5　会長は、特定のテーマを実務的又は専門的視点から協議するため、必要に応じて関係団体等の参加を呼びかけ、関係団体等の実務担当者によるワーキングチームを設置することができる。

（セーフティネット会議の事務局）
第9条　セーフティネット会議の事務局は、宝塚市いきがい福祉課及び宝塚市社会福祉協議会が共同で設置する。

2　セーフティネット会議の事務局は、次に掲げる事務を行う。
　(1) 生活課題に係る論点を整理すること。
　(2) セーフティネット会議の議題に係る資料を作成すること。

(3) ワーキングチームの調整に関すること。

(4) その他セーフティネット会議の目的を達成するために必要な事項

（秘密の保持）

第10条　会議メンバー（第8条第3項の規定による出席者及びワーキングチームの構成員を含む。）は、会議で知り得た個人の秘密を漏らしてはならない。その職を退いた後も、また同様とする。

附　則

（施行期日）

1　この要綱は、平成26年2月3日から施行する。

（宝塚市社会福祉協議会の承認）

2　宝塚市は、この要綱の施行に際し、その内容に関し、あらかじめ宝塚市社会福祉協議会の承認を得るものとする。

附　則

この要綱は、平成26年4月1日から施行する。

別表（第7条関係）

市民団体・関係機関	宝塚市自治会連合会 宝塚市民生委員・児童委員連合会 宝塚市老人クラブ連合会 宝塚市まちづくり協議会 宝塚市身体障害者福祉団体連合会 宝塚市介護保険事業者協会 こむ1会 宝塚市社会福祉協議会
県の関係機関	宝塚警察署　生活安全課 宝塚健康福祉事務所　地域保健課
市関係部局	市民交流部　市民協働推進課 総務部　　　人権男女共同参画課 都市安全部　総合防災課 健康福祉部　いきがい福祉課 健康福祉部　健康推進課 健康福祉部　介護保険課 健康福祉部　障害福祉課 健康福祉部　生活援護課 子ども未来部　子ども政策課 子ども未来部　子育て支援課 子ども未来部　子ども家庭支援センター 子ども未来部　保育事業課 教育委員会学校教育部　学校教育課 教育委員会社会教育部　社会教育課

ボランティア活動助成に関するきまり

　宝塚市民の多くの人たちがボランティア活動に参加することで、人々の生活がより豊かになり、ボランティア活動が発展するために、宝塚市社会福祉協議会（以下「社協」）のボランティア活動助成を活用します。

　この助成金の配分を効果的に行うために、様々な場を通じて意見をまとめ、ボランティアをはじめとする市民が中心となって、この「きまり」を作りました。

　「きまり」の実施にあたっては、助成のルール・決定・効果の確認を、ボランティアをはじめとした助成金配分委員会が中心となって行い、透明性を確保しつつ、不都合な点は見直しを行い修正します。

１．助成金の目的

　助成金は、宝塚市民の生活支援や、安心して暮らせる地域社会づくりのためのボランティア活動を、より活発に行うことを目的に使います。助成金の財源が、宝塚市の補助金と社協会費や募金等の公的な資金であることを考慮し、適正で効果的に使います。

２．助成の対象

（１）　「ボランティアグループ登録」を行なっていて、宝塚市民の生活支援や、宝塚のボランティアの発展に繋がる活動を行うグループとします。

（２）　前項のほかに、別表『ボランティア活動助成　内容一覧』の中の助成項目別に定める要件があります。

３．助成金の項目

　次に掲げる活動の経費とします。詳細は別表『ボランティア活動助成　内容一覧』のとおりです。

①運営費助成
②新規グループ立ち上げ助成
③研修費助成
④プロジェクト助成

4．助成の申し込み

（1） 助成の申し込みについては、別表『ボランティア活動助成　内容一覧』の通りです。

（2） 各助成項目を重複して申し込むことができますが、①と②を重複して申し込むことはできません。

5．助成の決定

（1） 助成項目①・②については、助成金配分委員会の定めた基準に従って、社協ボランティア活動センターが内容を確認して決定し、助成金配分委員会に報告します。

（2） 助成項目③・④については、助成金配分委員会が、内容を審査して決定します。

6．助成金の適正化のために

（1） 助成を受けたグループは、別表『ボランティア活動助成　内容一覧』で定められた期間内に実績報告書を提出し、助成金の目的に沿った使い方であることを明らかにします。

（2） 助成金配分委員会は、その助成が効果的であったかどうかを検討し、その結果、必要に応じて「きまり」や審査基準を見直します。

（3） 助成金を当初の目的以外に使ったり、虚偽の申し込みや不正・不当な使い方をした場合は、助成金を返還とします。

（4） 配分の基準と、助成金配分委員会の審査の内容は、透明性を確保するために、ボランティアをはじめとする市民に公開します。

7．このきまりの変更について

助成金に関することがらについては、ボランティアグループの意見や活動実態を踏まえて、助成金配分委員会で見直しを行ない修正します。

このきまりは、2005 年 4 月 1 日から実施します。

ボランティア活動助成　内容一覧

	助成項目名	目的	助成内容別要件	
基本助成	（1）運営費助成	グループを運営するために必要とする経費の一部を助成することにより、グループ運営の安定化を図る	・「ボランティアグループ登録」を行なっているグループ ・グループの主たる活動が福祉、保健、医療分野の活動をしている ・設立後1年以上活動実績を持つ （但し、前年度に（2）の助成を受けたグループはその限りでない）	
事業費助成	（2）新規グループ立ち上げ費助成	ボランティア活動を行うグループの設立に対して当面の運営経費を助成することにより、グループ運営を支援する	・「ボランティアグループ登録」を行なっているグループ ・設立後1ヶ月以内のグループ （1グループ1回限りの助成とする）	
	（3）研修費助成	ボランティア活動を行うグループに対し、研修にかかる経費を助成し、もってグループ活動のレベルアップを図る	・「ボランティアグループ登録」を行なっているグループ ・グループの主たる活動が福祉、保健、医療分野の活動をしている ・設立後1年以上活動実績を持つ （但し、前年度に（2）の助成を受けたグループはその限りでない）	
	（4）プロジェクト助成	グループが抱えている問題や課題を解決するため、又は市民の福祉を向上させるために必要な取り組みを実施するために、その取り組みに必要な経費を助成する	・「ボランティアグループ登録」を行なっているグループ （複数グループで申込む場合はグループ登録をしているグループを含むこと。グループ登録しているグループと個人との協働も可）	

＊各助成項目を重複して申し込むことができる。ただし（1）と（2）を重複して申し込むことはできない。
（福祉・保健・医療ジャンル以外への活動については、社協自主財源充当）

	助成内容　（飲食費は対象外）	申込時期	決定時期	決定方法（申込・手続き・決定）	助成金額　・　報告
	グループを運営するために必要とする経費の一部（ロッカー代・振込み手数料・総会資料印刷・提出書類のコピー代等）	4月1日〜4月28日	5月15日	グループからの申し込みに基づき決定する（助成金申込書・事業計画書・予算書・会員名簿）	会員1名あたり1,000円×会員数（上限70,000円）年度終了後14日以内に助成事業実績報告書を提出
	新しいグループを立ち上げた後、運営するために必要な費用として（PR費・仲間集めのための集まりの場所代・振込み手数料・ロッカー代・資料印刷費等）＊備品については対象外	毎月20日締め切り	翌月10日決定	グループ登録の申し込み時にあわせて、助成を申し込むことができる	運営費と同額（当該年度中の残り月数分を按分して助成）年度終了後30日以内に助成事業実績報告書を提出
	グループ活動のレベルアップのために、グループで実施する研修や、外部の研修会に参加するための費用として（飲食費・グループ内メンバーへの講師料は除く）	4月1日〜4月28日	5月31日	配分委員会による書類審査＊研修企画または、研修案内を添付する（案内は前年度のものを代用することもできる）	1グループあたり上限80,000円研修実施後、30日以内に助成事業実施報告書を提出（年度末に事業終了したときは14日以内とする）
	・グループの既存の活動を継続、変えていくための費用・潜在化するニーズに対応するために新しい事業を始める。・他のグループと協働して効果的な問題解決に繋がる新規活動を始める。・その他、配分委員会で適当と認められたもの（実施が複数年度でも助成可能だが、毎年申し込みが必要。成果がなければ助成中止のこともある）	4月1日〜4月28日	5月31日	配分委員会による審査・書類審査・プレゼンテーション（両方行う）	1プロジェクトあたり上限300,000円年度終了後30日以内に助成事業実績報告書を提出（年度末に事業終了したときは14日以内とする）

福祉コミュニティ支援事業実施要綱

（表1）

活 動 内 容	助 成 金 額（上限額）
【基本活動】 ○会費20%+5万円 ○5つ以上の活動を実施 　イベント・交流・学習会 　月1回集う場 　体操教室・会食会	各まちづくり協議会範囲内自治会、および民生児童委員を通じてご協力いただいた、前年度12月末までの社協会費実績額の、 　20%　＋　5万円
【ステップアップ活動】 ○会費20%+5万円+3万円 ○基本活動+2つ以上の活動 　**校区地域ネットワーク会議（必須）** 　**人材育成活動**、見守りネットワーク 　介護予防活動	各まちづくり協議会範囲内自治会、および民生児童委員を通じてご協力いただいた、前年度12月末までの社協会費実績額の、 　20%＋5万円+**上限3万円**
【重点活動】 ○会費30%+10万円 ○基本活動+ステップアップ活動+週1回以上の日常生活支援活動 　日常生活支援型活動 　週1回以上集う場活動	各まちづくり協議会範囲内自治会、および民生児童委員を通じてご協力いただいた、前年度12月末までの社協会費実績額の、 　30%　＋　10万円

【オプション活動】
地域福祉活動拠点の設定と地域人材の配置　※「重点活動」以上
○「相談・情報・交流・活動」などの機能を持った、中核的な役割の地域福祉活動拠点の場をつくることで、福祉課題を抱えている方を支えあっていく地域社会を構築していく。
①地域福祉活動拠点の設定
　助成は、1年限りであり、上限金額は8万円
　週5日開館を目指す（週1回開館からの開始可）
　　　・1年目：週3日以上開館
　　　・3年目：週5日以上開館
②地域人材の配置
　上記の本要綱による地域福祉活動拠点の設定後のコミュニティで、活動拠点において、コミュニティの情報提供や地域福祉活動に関する問い合わせや相談などを受ける人材を開館頻度と並行して配置する。
　　　・①と同じ頻度（3年で週5日以上）で人材を配置していく。
　　　・助成金額は、24万円／1年　（3年間）
　　　・本要綱による地域福祉活動拠点の設定が必要

※オプション活動②　地域人材の配置について
各活動拠点における活動と並行して配置するということで、滞在時間は、1時間いたら1日にカウントするという扱いではなく、最低でも午前・午後など半日は配置すること。

214

（表2）地域福祉活動拠点機能

相談	地域福祉活動の相談窓口 ・気楽に相談ができる機能 ・身近な場所での専門的相談
情報	当事者座談会の開催 ・当事者の声の発信、収集 福祉情報の掲示 ・福祉施策、地域の福祉情報、地域のイベント情報の受発信
交流	地域活動団体の活動拠点 ・高齢者・障害者・子育て中の親や子ども、定年退職者の方等が集まる場所づくり 　（みんなが集まる場） ・誰もが入りやすい環境づくり ・世代交流・カラオケ・おしゃべり・囲碁・将棋・喫茶コーナー・作品展示会・手芸 　教室等 ・福祉施設と施設と地域の人との交流・理解を深める
活動	集う場づくり活動 ・ふれあいいきいきサロン ・子育てサロン ・週1回以上の活動の実施支援 福祉学習会、講座 ・人材育成講座 ・健康教室、介護教室など

（表3）宝塚市の地域福祉を推進する活動

・7～9月の社協会員募集強化月間で開催する行事にてのぼりやポスターなどを設置し、コミュニティ活動に参画する方々へ社協会員募集をPRする。 ・コミュニティの広報紙やチラシ等に「自治会、民生委員などを通じて社協会員の依頼がございましたら、是非、ご協力ください」と記載し社協会員募集をPRする。 ・コミュニティ行事において、社協会員募集のPRブースなどを設置する。

宝塚市社会福祉協議会の概要

●宝塚市社会福祉協議会の組織

（1）役員・評議員

　　○理　事　13～15名　（理事長1、副理事長3、常務理事1）

　　※選出区分　・住民組織の代表

　　　　　　　・社会福祉事業を経営する団体

　　　　　　　・当事者団体等の代表

　　　　　　　・社会福祉に関する活動を行う団体

　　　　　　　・地域福祉推進に必要な団体

　　　　　　　・福祉専門機関

　　　　　　　・知識経験者

　　○監　事　2名

　　○評議員　32～35名

　　※選出区分　・住民代表的性格

　　　　　　　・社会福祉専門機関

　　　　　　　・当事者等の団体

　　　　　　　・保健医療・教育・行政機関

　　　　　　　・社会福祉に関する活動を行う団体

　　　　　　　・地域福祉推進に必要な団体・個人

（2）事務局　　職員数　　　　　（平成29年4月1日現在）

　　○職員内訳　　正　規　職　員　　　　　　81名

　　　　　　　　嘱　託　職　員　　　　　　20名

　　　　　　　　契　約　職　員　　　　　196名

　　　　　　　　ふれあいヘルパー　　　　　50名

　　　　　　　　　　　　　　合計　　347名

●平成29年度予算の構成　15億5,300万円

収入（155,300万円）		支出（155,300万円）	
A.社協会費収入	1,300万円	①本部運営費	7,755万円
B.寄付金収入	150万円	②福祉施設運営事業費	17,182万円
C.補助金収入	13,916万円	③地域福祉推進事業費	17,710万円
D.共同募金等配分金収入	1,293万円	④ボランティア活動センター	2,415万円
E.介護保険事業収入	67,217万円	⑤権利擁護支援・せいかつ応援センター	6,711万円
F.障害福祉サービス事業収入	34,570万円	⑥障害者自立支援センター	3,960万円
G.委託事業受託金収入	32,582万円	⑦身体障害者支援センター	24,538万円
H.その他の事業収入	1,599万円	⑧地域包括支援センター	7,003万円
I.受取利息収入等	295万円	⑨介護福祉サービス事業費	63,371万円
J.積立預金等取崩収入	2,378万円	⑩当期資金収支差額	4,655万円

●主な事業実績（平成26年～平成28年）

事業項目	事業指数	H28年度実績	H27年度	H26年度
◇本部・福祉施設運営		※	※	※
老人福祉センター管理事業	利用者数	↗ 99,842人	↗ 98,846人	↗ 98,100人
大型児童センター	利用者数	↗ 40,919人	↘ 38,888人	↑ 40,429人
髙司児童館	延利用者数（出前児童館含む）	↘ 25,200人	↗ 26,400人	↗ 25,916人
安倉児童館	延利用者数（出前児童館含む）	↘ 22,252人	↘ 24,497人	↗ 25,354人
総合福祉センター管理事業	延利用者数	↘ 103,821人	↗ 105,874人	↘ 103,006人
◇地域福祉推進				
ふれあいいきいきサロン支援	グループ数	↑ 150グループ	↗ 128グループ	↗ 117グループ
自治会・地域見守りネットワーク支援事業	自治会数	↘ 34自治会	↘ 36自治会	↑ 37自治会
福祉コミュニティ支援事業	重点コミュティ数	↗ 13コミュニティ	→ 12コミュニティ	→ 12コミュニティ
地域ささえあい会議	実施箇所数	↑ 68カ所	↑ 55カ所	↑ 36カ所
福祉総合相談窓口	設置箇所数	↗ 16カ所	→ 15カ所	↗ 15カ所
たからづか地域見守り隊	協力事業者数	↑ 230事業所	↗ 206事業所	↗ 192事業所
◇ボランティア活動センター				
センター管理運営事業	登録グループ数	↘ 154グループ	↘ 159グループ	↘ 171グループ
人材育成・相談・コーディネート事業	相談及びコーディネート件数	↗ 335件	↘ 332件	↘ 345件
◇権利擁護支援				
あんしんサポートセンター	福祉サービス利用援助事業契約件数	↗ 78件	↘ 76件	↑ 82件
高齢者・障がい者権利擁護支援センター	権利擁護・困難ケース対応（成年後見相談含む）実人数	↑ 271人	↘ 240人	↘ 252人
せいかつ応援センター	自立相談支援事業相談件数	↘ 465件	485件	-
	生活福祉資金貸付件数	↗ 546件	514件	↗ 461件
◇障害福祉サービス				
障害者自立生活支援センター	計画作成延件数	↗ 555件	512件	↑ 459件
身体障害者支援センター	安倉西利用者延利用者数	↘ 3,976名	↗ 4,307名	↘ 4,180名
	安倉南利用者延利用者数	↗ 6,986名	↗ 6,759名	↘ 6,449名
◇地域包括支援センター				
総合相談業務	相談延件数	↑ 9,492件	↗ 8,005件	↑ 7,420件
◇介護福祉サービス				
居宅介護支援（ケアマネージャー）	延ケアプラン作成件数	↘ 6,198件	↗ 6,217件	↘ 6,120件
通所介護（デイサービス）	安倉 延利用者数	↘ 8,098人	↗ 8,284人	↘ 8,084人
	光明 延利用者数	↓ 7,969人	↘ 8,882人	↘ 8,925人
	仁川 延利用者数	↘ 9,623人	↘ 10,303人	↗ 10,418人
民家型小規模（デイサービス）	鹿塩の家 延利用者数	↘ 2,124人	↓ 2,376人	↓ 2,770人
	野上の家 延利用者数	↗ 3,352人	↑ 3,263人	↘ 2,907人
	ふれあいあさひ 延利用者数	↗ 2,988人	↑ 2,574人	↑ 2,320人
訪問介護（ホームヘルパー）	延訪問回数	↓ 46,148回	↗ 52,513回	↘ 50,849回
訪問看護	延訪問回数	↘ 4,199回	↑ 4,491回	↓ 3,729回
ヘルパーの制度外対応（独自サービスを含む）	延件数（実人数）	↑ 271回	↓ 216回	336回
ケアマネージャー制度外相談対応	延件数（実人数）	↑ 291回	↘ 237回	238回

※ 前年度より、↑「10％以上の増加」、↗「増加」、→「同じ」、↘「減少」、↓「10％以上の減少」

217

●監修者

藤井博志（ふじい・ひろし）

関西学院大学　人間福祉学部　教授

宝塚市社会福祉協議会相談役、同市社会福祉審議会会長など、社会福祉協議会、自治体の各種委員会に関与しながら地域福祉の実践的研究を進めている。

宝塚市社協とのかかわりは兵庫県社協地域福祉部に在籍時（1982）から継続して実践研究フィールドとして学んでいる。専門は地域福祉論、コミュニティワーク、地域ケア

〈著書〉

『コミュニティワークスキルアップ講座』（単著）全社協地域福祉推進委員会 2009、『地域ケアシステムとその変革主体』（共著）光生館 2010、『地域共同ケアのすすめ』（監修）CLC 2011、『地域支え合いのすすめ』（監修）CLC 2012、『集落における地域支え合い』（監修）CLC 2014、『地域共生の開発福祉』（共著）ミネルヴァ書房 2017、『地域福祉の現状と課題』（共著）放送大学振興会 2018、その他多数

〈1章1〜3節　7章　執筆〉

●編　者

社会福祉法人　宝塚市社会福祉協議会

〒665-0825　兵庫県宝塚市安倉西2丁目‐1‐1

TEL 0797-86-5000　FAX 0797-86-5069

URL http://takarazukashakyo.life.coocan.jp/

（本書掲載の関連資料がダウンロードできます）

荻田藍子（兵庫県社会福祉協議会）〈2章1節　4章4節〉

埜下昌宏（宝塚市社会福祉協議会）〈1章4節・5節〉

常岡良子（宝塚市社会福祉協議会）〈1章5節　4章3節　5章2節・3節〉

山本信也（宝塚市社会福祉協議会）〈2章2節　3章1節・2節〉

荒木澄美（宝塚市社会福祉協議会）〈2章3節〉

藤森成美（宝塚市社会福祉協議会）〈2章4節〉

辻井芳臣（宝塚市社協福祉協議会）〈3章2節〉

溝口由加子（宝塚市社会福祉協議会）〈4章1節・2節〉

前薗真由美（宝塚市社会福祉協議会）〈5章1節〉

牟田浩伸（宝塚市社会福祉協議会）〈5章2節〉

佐藤寿一（宝塚市社会福祉協議会）〈6章〉

〈　〉内は執筆分担

●表紙イラスト
スミレン：宝塚市社会福祉協議会のイメージキャラクター。
市の花スミレと市の鳥ウグイスをイメージ。
市民に親しまれる社協をめざして市社協のPR活動で活躍。

市民がつくる地域福祉のすすめ方 〈改訂版〉

| 発行日 | 2015年6月20日　初　版第1刷 |
| | 2018年6月20日　改訂版第1刷 |

監修者　藤井博志

編　者　社会福祉法人 宝塚市社会福祉協議会

発　行　全国コミュニティライフサポートセンター（CLC）
　　　　〒981-0932 宮城県仙台市青葉区木町16-30　シンエイ木町ビル1F
　　　　TEL 022-727-8730　FAX 022-727-8737
　　　　http://www.clc-japan.com/

編集協力・制作　七七舎
装　　幀　石原雅彦
印　　刷　シナノ印刷（株）

ISBN978-4-904874-38-7

対話と学び合いの地域福祉のすすめ

― 松江市のコミュニティソーシャルワーク実践 ―

編著：上野谷 加代子・松端 克文・斉藤 弥生

島根県松江市の公民館は、ちょっとおもしろい。松江市の小地域活動の源は、公民館にアリ！生涯学習、福祉活動の拠点である公民館。そこに住民がつどい、地域福祉に魅せられていく、そんな歴史と実践を丁寧にひも解いています。住民発のよりよい暮らしへの提案。そこには「対話と学び合い」をたいせつにしてきた住民と専門職の連携があります。「公民館を中心とした小さな地域で、どうしてこんなに活発な活動ができるの？」そんな疑問にもお答えします。学識者による丁寧な事例の解説、考察と今後の展開への期待もたっぷり詰まった 220 ページ。

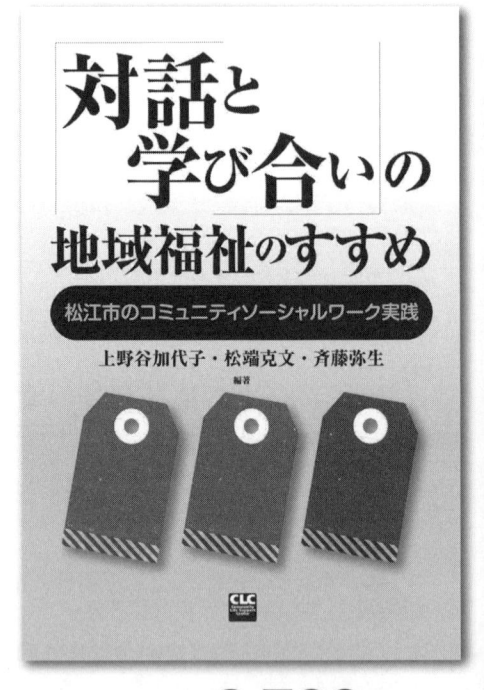

B5判／ 220頁　（定価）**2,700円＋税**

書籍のお申込は全国コミュニティライフサポートセンター（CLC 東日本）まで
TEL：022-727-8730　FAX：022-727-8737
E-mail：clc@clc-japan.com　URL：http://www.clc-japan.com
※送料は全国一律 500 円。5,000 円以上お買い上げの場合は、無料となります。（沖縄・離島は除く）

小地域福祉活動の新時代

ー大阪市・今川地域からの発信ー

編著：上野谷 加代子・竹村 安子・岩間 伸之

「1週間に30分、お時間ないかしら？」ちょっとしたお手伝いが必要になったとき、大阪市東住吉区の今川地域では、こうして住民の助け合い活動の輪を広げてきました。地域で暮らし続けるために、小さな活動がきめ細やかな助け合い活動へと体系化していきました。

介護保険制度ができ、その活動は少しずつ様変わりしています。

サービスが結びつき、便利さとは裏腹に、地域との関係が薄らいできています。住民助け合い活動は、新たなステージに。現況を乗り越え、もう一度活動を活性化させるための視点や方法も解明します。

A5判／ 232頁　（定価）**2,000円＋税**

書籍のお申込は全国コミュニティライフサポートセンター（CLC 東日本）まで
TEL：022-727-8730　FAX：022-727-8737
E-mail：clc@clc-japan.com　URL：http://www.clc-japan.com
※送料は全国一律 500 円。5,000 円以上お買い上げの場合は、無料となります。（沖縄・離島は除く）